中国黄金

从跟随到超越

刘山恩　著

中信出版集团 | 北京

图书在版编目（CIP）数据

中国黄金：从跟随到超越 / 刘山恩著 . -- 北京：中信出版社，2020.1
ISBN 978-7-5217-1018-2

Ⅰ . ①中… Ⅱ . ①刘… Ⅲ . ①黄金市场—研究—中国 Ⅳ . ① F832.54

中国版本图书馆 CIP 数据核字（2019）第 203900 号

中国黄金：从跟随到超越

著　　者：刘山恩
出版发行：中信出版集团股份有限公司
（北京市朝阳区惠新东街甲 4 号富盛大厦 2 座　邮编　100029）
承 印 者：北京诚信伟业印刷有限公司

开　　本：880mm×1230mm　1/32　　印　　张：9.5　　字　　数：200 千字
版　　次：2020 年 1 月第 1 版　　印　　次：2020 年 1 月第 1 次印刷
广告经营许可证：京朝工商广字第 8087 号
书　　号：ISBN 978-7-5217-1018-2
定　　价：68.00 元

序一

过去 20 年，全球黄金市场发生了重大变化。机构投资者持续增持黄金，零售投资市场对黄金的兴趣也不断升温；在电子产品愈加流行的情况下，科技行业的黄金需求随之增加；更重要的是各国央行从净卖家转变为重要买家。我们在 2018 年见证了自布雷顿森林体系崩溃以来，各国央行黄金需求达到了最高水平。

中国黄金市场在过去十几年更是以惊人的速度发展，完成了从跟随者到超越者的角色转变。现在中国是世界上最大的黄金消费国和生产国，占全球总需求的 23% 和总供给的 13% 。

在当今世界政治和经济充满不确定性的大背景下，我们尤其需要确保金融市场的安全性与稳定性。作为全球黄金行业的领导机构，世界黄金协会致力于让黄金成为主流金融资产，我们将加强与机构投资者的合作，增强它们对黄金在其投资组合中所能发挥作用的理解。

在全球黄金市场内建立信任和信心十分重要，因此世界黄金协会支持有效的区域监管框架。人们在投资实物类或金融类产品时，都愿意选择诚信可靠的黄金产品和解决方案，而中国在这方面独树一帜。

上海黄金交易所的成立，加上一系列有远见的开放政策措施的推行，为中国成为世界上最大的黄金市场创造了必要条件。其他市场或许可以借鉴中国模式，用来创建公开、透明和有效的交易与投资环境。

鉴于环境、社会和公司治理（ESG）原则在黄金行业越来越受到重视，在广泛征求公众意见后，2019 年我们发布了《负责任金矿开采原则》，对所有利益相关方提出明确的期望，即什么是负责任的金矿开采。这些原则将会给精炼商、交易市场、投资者和消费者带来信心，从而进一步推动黄金成为主流投资资产。

我们新近公布的全球消费者调研结果显示，黄金被认为是一种主流的投资选择，是仅次于储蓄和保险的最稳定的投资选择之一。尽管还是有对黄金缺乏信任的情况，但人们对黄金还是充满信心，并且忠于黄金。未来，黄金是否可以在年轻消费者中引起更深刻的共鸣，我们是否可以使用技术创新开辟一条通向新受众的道路，是我们需要考虑的问题。我相信中国或许可以再次走在此类改革的前列。

中国以及中国黄金行业正在拥抱和融入更广阔的世界，无论从 ESG 原则、消费者调研报告还是市场透明度，我们都应该赞同。我们坚信并期盼中国会准备好在全球黄金市场上发挥更多领导作用，这一进程中中国面临的机会与责任并行。

世界黄金协会十分重视中国的领导地位，也相信中国在未来将做出更大贡献。

世界黄金协会首席执行官

泰达维（David Tait）

序二

我国黄金产业千年之变的道路思考

——为《中国黄金：从跟随到超越》的出版而作

黄金作为一种具有货币和商品双重属性的金属，是各国外汇储备中的重要组成部分。中华人民共和国自成立以来，长期面临外汇极度短缺的困境，作为解决这个困境的重要一环——增加黄金产量，成为国家优先发展的事业。然而中华人民共和国成立初期，黄金生产力水平是极低的，1949 年的黄金产量仅为 4.07 吨，直到 1977 年黄金产量才达到 16 吨，超过 1911 年创造的历史纪录。

为了提高黄金生产产能，我们付出了不懈的努力。进入新世纪，我国黄金产业已发生了巨大变化，实现了从跟随者向领军者的蜕变：2007 年我国黄金产量以 270.49 吨超过了百年黄金之冠南非。我国成为 19 世纪中叶人类黄金生产力大突破后，继俄国、美国、澳大利亚、南非之后，第五个获得世界黄金产量桂冠的国家，至 2018 年我国世界黄金产量第一的地位已经保持了 12 年。2007 年以后，我国黄金产量先后跃上了 300 吨、400 吨两个台阶。在我国黄金矿产金产量稳居世界第一的同时，黄金原料进口量也有了大幅增长。2018 年，我国进口黄金原料 112.78 吨，黄金供给能力达到了 513.90 吨的水平，是 1949 年黄金供给能力的 100 余倍。

我国黄金供给能力的增长带动了我国黄金需求的增长，从 2013 年开始，我国黄金消费量首次超印度位居全球第一，黄金工业用金量超美国而仅次于日本居全球第二。2018 年，黄金总消费量达到 1 151.43 吨，连续 6 年位居世界第一，所以新世纪我国出现了一个品种日益繁多、规模居世界第一的黄金制品市场。黄金制品市场的发展又使我国成为全球黄金财富最大的聚集地和全球最大的黄金进口国。

我国黄金产品的日益丰富拉动了黄金交易的活跃和规模的扩张。我国黄金市场 2002 年完成了从无到有的“临门一脚”之后，短短的 17 年，我国黄金市场交易量达 5.9 万吨（单边），成为全球第三大黄金市场。其中上海黄金交易所是世界最大的黄金现货市场，上海期货交易所是全球第二大黄金期货市场。

我国黄金产业链之完整、规模之大举世罕见，可以说我国黄金产业已从国际黄金产业的跟随者、追赶者成为超越者、领军者。新世纪我国黄金产业的变化是巨大的，如将这个变化放到中国五千年历史的时间坐标上衡量，不仅是一个百年之变，更是一个千年之变，是我国五千年历史中黄金文明的一个里程碑。黄金经历了人类数千年文化的浸润，已成为人类的绝对财富，因而这个千年之变也是中华民族财富创造力跃升为当今全球各民族前列的重要标志之一。而这一黄金产业千年之变又恰恰发生在中华民族复兴的关键时刻，因而其价值远远超越了黄金产业的自身意义而具有了更深远的历史意义。

黄金千年之变正是《中国黄金：从跟随到超越》一书的主题，但作者没有停留于对千年之变的表面性陈述，而是把我国黄金产业的这个千年之变作为当代中国经济发展的一个案例，上升到对我国经济发展道路选择的深度思考，对社会主义市场经济发展之路的选择给予了理论性的探索与升华，这也是作者的一次自我超越。作者已是古稀之年，但仍笔耕不辍，近10年来，几乎每年都有自己的新著出版。作者这部新著将我国黄金产业的发展问题扩展到对中国社会主义市场经济发展之路的理性认识，是其长期学术积累的结果。作者在此之前已有记述我国黄金市场化改革历程的专著《破茧：解密中国黄金市场化历程》和记述我国黄金工业发展历程的专著《问鼎：中国黄金工业发展述评》出版，这两部专著给我们留下了这本书思想脉络的发展轨迹。

我国黄金产业的千年之变并不是瞬间发生的，而是经历了一个长时间的过程，也是一个不断探索的过程，且我国对黄金市场经济发展之路的选择也正是在不断探索的过程中完成的。虽然黄金生产从20世纪70年代便成了国家重点发展的事业，并被给予了重点扶持，但黄金产业的发展并不是一路坦途，而是经历了一个发展道路不断创新的过程。中华人民共和国成立初期选择的是计划经济发展道路，国家为了多产黄金，集中投入了大量的人力物力，但是纯人力开采的落后生产方式使新中国在诞生后的1/4世纪的岁月里黄金产量处于低水平的徘徊状态。1975—1993年我国黄金生产走上了一个近20年的持续增长期，而这一时期发展成果的取得主要得益于1978年我国选择了改革开放之路。随着我国装备制造能力提高，黄金行业的生产力水平也得到解放。1994年我国黄金产业又开始了第三次发展道路的调整，即黄金市场的开放标志着黄金行业的全面市场化改革，到2002年这一过程全面完成。而对社会主义市场经济发展之路的选择是改革开放道路的升华，距今我国黄金产业走上全面市场经济道路已有17年的实践历程。

1949—2018年，我国累计生产了7 831.22吨黄金，而在1949—1974年传统的计划经济发展时期总计仅生产了192.11吨黄金，在我国黄金生产总量中的占比仅为2.45%；1975—1993年是我国黄金产业走上改革开放道路的18年，总计生产了783.83吨黄金，在我国黄金总产量中的占比为10.01%；而1994—2018年走上社会主义市场经济发展之路的24年，总计生产了6 855.28吨黄金，为总产量的87.54%。也就是说，社会主义市场经济道路时期，我国生产了近九成的黄金，这是我国黄金生产发展取得最大成绩的历史时期。

在不同的发展时期，我国黄金产业发展进步的成果有天壤之别，通过历史的比较，我们认识到我国黄金产业之所以发生了千年之变，完成了从跟随到引领的蜕变，是因为选择了社会主义市场经济发展道路。

我国黄金产业几十年的发展史证明了社会主义市场经济发展之路选择的正确性，从而坚定了我们对这条道路选择的自信，这也是《中国黄金：从跟随到超越》一书出版的最大意义。

中国黄金协会党委书记、会长

宋鑫

前言

中国是世界四大文明古国中唯一文化没有中断的国家，但是在我国五千年的发展历史中，除个别朝代或某一朝代的个别历史时期曾闪烁出黄金的光辉，漫长的历史时期都是金光暗淡，黄金产量只能以两计，黄金生产力低下，这种情况一直到中华人民共和国建立初期都没有根本变化。因而在人类文明史的舞台上演的一幕又一幕的历史大剧中，我们长期未能成为主角。所以我国在黄金文明创建方面的缺乏主导性，长期的金光暗淡，正是我国当时社会财富贫乏和商品经济发展滞后的一个重要标志。

进入21世纪，人类历史翻开了新的一页，而21世纪第一个10年发生的多个历史性事件，成为转折的关键。中国作为国际黄金业的边缘性存在开始闪烁出黄金之光，成为当今全球黄金产业与市场的引领者。

2002年的金秋时节，经过半个多世纪等待之后我国黄金市场破茧而出，经历了 17 年的发展，在不经意间实现了一个从跟随者向超越者的转变，成为国际黄金市场未来发展的引领者。

2007 年我们又在出乎预期的情况下以 270.49 吨的黄金产量超越了百年之冠南非，而成为全球黄金产量的新冠军，完成了从贫金到多金的蜕变。21 世纪对我们自己而言，写下了一个从梦想到现实的千年之变的中国黄金故事，同时也诠释了中华民族的崛起。

21 世纪第一个 10 年，中国为什么会金光闪烁，而且实现黄金生产力上、中、下游各环节的全面历史性超越，形成一个完整的世界领先的黄金产业链呢？是幸运的眷顾，还是有深层的原因？这需要我们探究和深思。我因为本书的写作而开始了寻求答案之旅，这次探寻黄金之光的源头之旅是从茫然不得其解开始，最终得出我国特有的制度使然这个结论。虽然这个结论是对我国黄金之光出现的一次由表及里的认识所得，但我仍很忐忑，所以我必须为结论构筑理论支撑，为此我把视野拓展到人类经济学的理论维度，在人类经济学的发展历程中寻找 21 世纪第一个 10 年出现中国黄金之光的真谛。

首先我要弄清楚的是“制度”为何物？找到的答案是，“制度”是文化，是在一种文化条件下形成的行为规则和规程。人类的“制度”具有多样性，但是达成经济发展目的的行为规则从根本上讲有两种，一种是“无形之手”市场竞争的规则，一种是“有形之手”政府制定的规则。对于这两种“制度”的关系，我们也经历了一个从发现到认识的过程。

人类经历了漫长的“野蛮”发展时期之后，终于找到了一条新的发展之路——市场经济（商品经济）发展之路，这条道路的开辟使人类文明达到了一个新水平，也因此人类产生了基于市场崇拜的市场万能论。但古典自由主义经济学诞生 200 多年后的 1929 年，美国的经济危机导致的全球经济大萧条，暴露了自我修复能力是市场的短板，人类开始寻找提高市场平衡被打破后经济修复能力之道。面对危机无所作为的胡佛政府下台，而随后执政的罗斯福总统实行的一系列经济“新政”，成为当时危机中的亮点，给寻求问题答案的人们提供了思考的方向，这种思考的结晶是诞生了新古典主义经济学，政府作为修复经济失衡的有为力量被冠以“有形之手”之名，而市场被冠以“无形之手”之名，从此“有形之手”和“无形之手”便成为当代人类经济学中的两个专用名词。

“有形之手”与“无形之手”这两种“制度”存在执行与监管的差异，被不少人视为水火，但人类已日益认识到这两种差异性“制度”都是经济发展所需要的，如同人类的左手和右手。但还有一个问题待解，即“有形之手”与“无形之手”如何形成协调和有效的互动，这往往会陷入“公有公理，婆有婆理”的状况，但最终的对与错、好与坏，则是以实际的结果为唯一的评判标准。

第二次世界大战以后的百废待兴，为“有形之手”发挥作用提供了机会，当今介入经济已成“有形之手”的常态和责任。但是对“有形之手”介入经济的质疑和反对并没有销声匿迹，这主要是出于对“有形之手”对经济的错介入、乱介入的担心，而且这并不是庸人自扰，因为这样的事情并非不可能发生，而是已经发生。因而，如何避免“有形之手”的介入或减少“有形之手”的错误，又成了人类要解决的难题。

我国黄金市场是一个后来者，17 年的发展实现了从跟随到超越的进步，成果让世人关注。然而在一个有为的强政府的环境中成长，我国黄金市场的发展历程最大的意义是为“有形之手”介入经济提供一个成功实践案例。国际黄金市场是在自由市场论指导下以竞争为基本要件，经过长期的优胜劣汰而成长起来的，而我国黄金市场发展走的是一条“有形之手”顶层设计、有序竞争的发展之路，这是我国黄金市场发展之路的基本特征。

我国黄金市场的诞生就是“有形之手”黄金管制“制度”向黄金市场化“制度”调整转变的产物，在这个过程中“有形之手”是主导者，我国黄金市场的发展是“有形之手”顶层设计的产物。在这条道路上前行的我国黄金市场获得了令世人瞩目的发展，从而证明了这条道路选择的合理性。

我们说我国黄金市场道路选择具有合理性，首先是基于现实的进步成果，这个判断还基于一个更大的国际背景的对比。

一是在轻监管、重自律，轻风控、重杠杆，轻管理、重竞争的发展环境中成长的国际黄金市场，遭遇了价格操纵丑闻的困扰，面对发展的挫折而寻求改革，加强监管成为改革的潮流。现在国际黄金市场要做的是我们过去已做过的，因而我国黄金市场发展之路对未来国际黄金市场发展就具有了参考和借鉴的价值，从这个意义上讲，我国黄金市场已从发展的跟随者变为了领军者。

二是一个更大的比较背景，就是 2008 年美国金融危机爆发，进而引起全球经济危机，这场危机暴露了以美元为中心货币的国际货币体系的脆弱性和不公正性。人们对于这场危机的反思结果是各国纷纷筑牢金融大门，把金融安全放在了首位，开始重建金融监控体制，加强信息透明化。在这个改革的进程中，我们切实感到有为政府不能缺位，因而有顶层设计的我国黄金市场发展之路得到了日益增多的理解和赞同，这是我国黄金市场发展之路更大的时代价值。

对于叙述和解读中国黄金故事的必要性，我们自己对中国黄金市场发展之路的认识还缺乏角色转变的认知，所以对世界黄金协会前首席执行官关于我国黄金市场已是引领者的发言并不以为然，所以为了讲好中国黄金故事，中国黄金协会于 2019 年 5 月 17 日在北京卧佛寺宾馆特别组织了一次小型的“黄金市场中国之路研讨会”，对本书的结论进行了讨论。来自世界黄金协会、中国黄金协会、上海期货交易所、民生银行和经易金业的代表十余人参加，在相当大的程度上取得了共识，并对中国“制度”的认识进行了深化，也使本书的主题立意更丰满。上海期货交易所的鞠成鑫、民生银行的董虹及上海黄金交易所的罗江为此书的撰写做出了特别的贡献，在这里表示感谢。

目录

第一章 黄金管制缘于短缺

我国从1949年到2002年对黄金实行了长达53年的管制，这种“制度”的诞生是基于我国外汇的长期短缺。在改革开放以前，我国这样一个人口过10亿的大国每年的外汇储备仅有数亿美元、数十亿美元，1982年国家外汇储备才突破了百亿美元大关，达到了115.73亿美元。在当时创汇困难的情况下，黄金生产被寄予改变外汇短缺情况的极大希望，但当时黄金生产力水平极低，所以新中国的缔造者们曾将增产黄金上升为国务院直接领导的事业，千方百计地调动一切可以调动的社会资源以增产黄金。但是保证黄金生产的“制度”形成并不会一蹴而就，而是一个不断探索发展的过程。那时黄金是硬通货而被国家垄断持有，黄金生产作为国家增加外汇的主要途径而被置于优先发展的地位，所以黄金资源配置是计划经济的典型。随着外汇短缺矛盾的逐步解决，黄金管制开始由松动而最终走向了终结，对黄金实现了市场化管理。由此，我国无论是对黄金施行管制的“制度”，还是推进黄金市场化的“制度”，外汇供给因素都是其中的基本依据，这是我们观察和认识我国黄金由管制到市场化发展的切入点。

汉朝：一个多金的王朝

黄金这种存在于自然界的金属对人类而言是极其特殊的，它虽然不是人类生存的基本需求，但又与人类社会发展密切相关，其在人类社会中的特殊功能甚至让人类为之顶礼膜拜，因而每一个民族在走向文明的进程中都与黄金有过不解之缘。虽然中华民族的黄金文化在四大文明古国中并不是最辉煌的，但与黄金结缘的历史也很悠久。

大自然的造物者不公平，赋予各民族的机会并不平等，但对于中华民族不算吝啬。考古学表明我们中华民族即使不是最早，也是较早认识和使用黄金的民族，因而中国五千年的发展史中有着悠久的黄金史，具体可追溯到四千年前的夏朝，那时就已经有了黄金饰品，我国现存有关于夏朝使用黄金做货币的文字记载。在我国的古籍《尚书·禹贡》中有“厥贡，唯金三品”的记述。何为“金三品”呢？汉代著名史学家司马迁所著的《史记·平准书》中这样记述：“虞夏之币，金为三品，或黄，或白，或赤。”“金三品”是指当时夏朝使用的金属货币，有金币、银币和铜币 3 种。战国时期，黄金货币形态更呈多样化，有金饼、金铤、金版、马蹄金、麟趾金等，显示出当时中国使用黄金货币已具有广泛性。秦王朝统一了国家货币，是形为内方外圆的铜币，但这是大众民间使用的货币，金币作为一种上币而广泛存在于上层社会之中，所以秦之后汉朝的史书中仍有帝王大量使用黄金的记载，而且使用更为多元化：或用于贿赂、或用于奖励、或用于消费、或用于制作货币、或用于随葬。2015 年江西南昌出土的西汉海昏侯刘贺墓葬中的黄金让人们见识了汉朝帝王们拥有黄金的数量是何等惊人，我们只能用震撼一词来表述。海昏侯刘贺的内棺和外棺之间总计有金饼 96 枚、马蹄金 33 枚、麟趾金 15 枚、金版 20 块，这表明虽然秦朝已将铜币作为统一货币，但之后的汉代金币实际仍然广泛地存在于当时的上层社会中，且并非单纯地用作交换的中介，而是用于权贵关系的维系：或用于贡奉、或用于贺礼、或用于褒奖。刘贺墓葬出土的金币和金器许多是来自朝廷的馈赠或奖励。又如汉朝开国帝王刘邦为打败对手项羽，一次就动用了 40 万两黄金用于收买项羽部下。刘贺墓先后出土了黄金文物 437 件，重量超过了 200 千克。刘贺黄金墓葬为我们呈现出汉朝的多金世界，有专家认为那时汉王朝拥有的黄金高达 500 多吨。要知道，19 世纪中叶以前，全球仅生产了 1 万多吨黄金，那时全球的年均黄金产量也仅有 2 吨左右，所以拥有 500 多吨黄金的汉王朝确实是当时少有的富金国家。但汉代以后，黄金在我国史书记载中便逐渐失色，我们再也没有看到像汉朝帝王那样大手笔地使用黄金的记载了，黄金在我国货币领域的使用也成为稀罕的个案，从此我国结束了一个富金时代，开始了一个持续千年的贫金时代。之后各朝代的黄金年产量只能以小两（0.5千克等于16小两，小两为中国贵金属计量单位）计，以至于“汉王朝的黄金是从哪里来的，而又到哪里去了”竟成了一个未解的千古之谜。

揭开中国黄金短缺之谜

汉王朝的黄金去哪里了？一种观点认为，汉朝有厚葬之风，所以汉王朝的大量黄金被埋藏于地下，汉刘贺墓出土大量黄金就证明了这一点。在今天我们看来，汉王朝黄金消耗于厚葬可能是一个重要的原因，但还不是汉以后我国贫金的主要原因，主要问题应出在黄金生产力层面，是长期黄金生产力的低下造成了黄金供给的短缺。又是什么原因造成了我国汉王朝以后黄金生产力的低下呢？生产力往往与需求有关。

农耕社会黄金的地位虽然尊贵但对民生并不重要

秦王朝建立了中央集权的封建社会，自此我国成为封建社会存在历史最长的国家之一，所以我国长期是自给自足的农耕社会，农耕社会中自给自足的自然经济占主导地位，土地和人口是农耕社会最重要的社会资源，因为土地和人口决定了社会农产品的生产力的发展，而解决民众温饱问题又决定了当时社会的安定与持续，所以社会人群的排序是士、农、工、商、奴。我国最后一个王朝——清王朝的帝王们为了表现对农耕的重视，在他们居住生活的宫苑，如圆明园、颐和园里建了反映农桑耕种的专门庭院，因每年都要进行祭祀活动而建有先农坛、地坛等大型建筑。我国帝王的重农之举甚至为欧洲帝王们所模仿，1768 年春，年仅 14 岁的法国王储，模仿中国帝王，在大臣们陪同下在巴黎的一块土地上举行了扶犁亲耕的仪式。所以那时黄金虽贵重但不是关键性和决定性的社会资源，因而黄金生产开发并不被高度重视，黄金生产技术的进步十分缓慢，当表层易开采的黄金资源被开采枯竭之后，当时的社会就没有下大力气发现深层可以供持续开采的黄金资源，没有地质资源，黄金生产力即使有发展的高峰，也会迅速萎缩。我国千年贫金实际上首先是黄金地质资源发现贫乏而不是资源赋存贫乏造成的。汉王朝以前我国黄金的充裕正是因为有大量的地表黄金资源，而这些地表资源用完之后便没有了新的地质资源供给，正是因为如此，汉朝之后大多数朝代的黄金产量只能以两计，年产仅数万两。这样少的黄金供给使黄金的使用只能局限于狭小的帝王宫廷之中，黄金为帝王所独有并成为王权的标志。所以黄金在我国的历史中虽然地位一直尊贵，但难以在更广泛的社会经济生活层面上发挥作用。我国受地质资源供给不足而黄金产量低迷之困一直延续到当代，1949 年以后，我国一次又一次为增产黄金组织会战，首先遇到的是资源问题。之所以黄金生产长期没有取得预期效果，皆因地质资源供给没有实现突破。为了实现地质资源探明储量的突破，我国在 1979 年 3 月建立了一支古今中外罕见的非战斗性的专业从事黄金地质勘探的部队——

武警黄金指挥部，又于1986年设立了专门的黄金地勘基金，以保证黄金地质勘探的资金供给。我国基于增加黄金产量的需要而倾力于发现新的黄金地质资源，20世纪70年代以后，已探明储量虽有增加但也只能维持生产，而不能实现扩大再生产，即资源一直是影响黄金生产发展的首要因素。一直到2005年，已探明储量持续增长，并突破了万吨，达到1.3万吨之后，黄金生产中长期存在的地质资源短缺的问题才得到了缓解。黄金地质资源供给不足而使黄金生产力严重萎缩，是汉朝以后中国黄金生产由充裕变贫乏的主要原因，也是我们对我国在汉王朝以后便开始了一个持续一千多年的贫金时代的一个解释。

商品经济发展滞后之果

供给与需求是一个硬币的两面，黄金供给的短缺会限制需求，而黄金需求的低水平也会影响黄金供给，进而影响生产发展，使黄金供给不足，这是一种恶性循环。我国黄金供给的不足影响了黄金社会功能的发挥与扩展，所以黄金长期只能为社会上层权贵所垄断，存在于一个狭小的社会空间之中。当代的前期黄金又为国家所垄断，只能存在于国库，民众被禁止拥有。黄金需求不足是长期人为抑制的结果，需求不足又影响供给，而这种黄金的恶性循环正是自给自足的农耕社会商品经济发展滞后的结果。所以我国货币史悠久，但货币的功能还只停留于充当交换工具的阶段，因商品经济的落后，我国货币没有发展成为可增值的资本，造成民众对黄金货币财富的持有欲望相对较低。而欧洲则与我国的表现有很大的不同，欧洲也存在黄金短缺问题，但由于其商品经济的发展，货币资本化得以实现，黄金不仅成为货币，也成为可增值的资本，从而极大地增加了黄金的社会权势和魅力，所以欧洲为了解决短缺问题而千方百计地开拓黄金的供给，甚至把获得黄金作为第一要务。为了获得黄金，1511 年西班牙国王裴迪南指挥他在美洲的军队“要不惜一切代价把黄金弄到手”。于是，欧洲各国为增加黄金拥有量而拼命，为争夺黄金产地而大打出手，欧洲黄金战争曾此起彼伏，甚至一场战争会持续百年之久。当欧洲的黄金资源枯竭之后，各国又转向外部殖民掠夺，欧洲人在历史上对埃及进行征服、中世纪的十字军东征，以及于 15 世纪开启航海冒险寻找新大陆，都是为了解决欧洲面临的黄金短缺的问题。欧洲人对于黄金狂热而执着的追求是我们难以想象的。欧洲殖民者最后终于依靠对美洲金银的掠夺，实现了拥有大量黄金的梦想，又用掠夺来的黄金建立了金本位制，而金本位制的建立更激发了欧洲人对黄金的狂热追求，所以欧洲的古典名著《荷马史诗》（*Homeric Hymns*）、莎士比亚（Shakespeare）的剧作《雅典的泰门》（*Timon of Athens*）中都有欧洲人对黄金的执迷与疯狂的描述和记载。在欧洲人看来，黄金甚至是可以颠倒黑白、改变一切的魔鬼。欧洲人航海冒险寻找新大陆的先驱哥伦布（Columbus）就说过：“黄金是最为珍贵的东西。财富是由黄金构成的，有了黄金，在世界上想干什么就能干什么，甚至可以使灵魂升上天堂。”欧洲人对黄金的痴迷跃然纸上。与欧洲人相比，中国人对黄金则要淡泊得多，将黄金作为货币使用甚至逊色于白银，这是因为我们选择了一条不同于欧洲的发展之路。

我们走的是不同于欧洲的路

我们中华民族与欧洲走的是一条不同的道路，秦王朝统一货币，不再使用黄金，用的是贱金属铜，而当铜金属短缺时，我们的应对之策是使用纸币，因此我国成为纸币的发明者和首先使用者。人类最早的纸币诞生于我国的宋朝，但经历了元、金两个朝代，纸币通胀的积累使纸币难以为继，所以明朝的开国皇帝朱元璋虽然严禁使用金属货币，但到 1435 年明朝又回归到铜货币本位，并于 1525 年从贱金属货币转用贵金属货币，但不是使用金币而是银币，而且银币一直使用到近代的民国时期，我国是世界上维持银本位制时间最长的国家。明朝转向银本位制，但是没有发达的白银开采业，白银的产量并不多，因而明朝的白银不是自产的而是进口的，是与西方开展贸易时用生产的丝绸、茶叶、瓷器换来的。

当时美洲是世界金银主产地，而美洲的金银又为欧洲殖民者所占有，成为欧洲推进工业化、发展商品经济的第一桶金，但欧洲占有的金银并没有全部流入欧洲。有人估计，16 世纪西方殖民者从美洲掠夺的白银的 1/3 到 2/3 通过贸易流入了中国。另外，中国金银比价是1:7.0～1:5.5，而欧洲的是1:14～1:12.5，相对而言，欧洲银贱中国银贵，结果欧洲大量的白银走私到了中国，并且禁而不止，直到18世纪中期欧洲的白银所剩无几，欧洲白银走私才停止。欧洲白银大量流失而出现了白银的短缺，并成为欧洲结束金银双本位制而确立金本位制的一个重要原因。由于大量的白银流入我国，我国的白银则一时充裕起来，得以实行银本位制，并维持到20世纪20年代，所以我国从来没有真正实行过金本位制。我国因银本位制的实行而节约了黄金，从而使黄金短缺的状态得以维持。低水平的黄金需求恰与低水平的供给相平衡，所以我国黄金短缺是供给与需求相互影响的结果。面对黄金短缺，我们的办法是减少使用，而欧洲则是千方百计地扩大黄金供给，我们与欧洲的做法不同的原因是自然经济与商品经济的差异。欧洲因商品经济的发展，到18世纪有了货币价值升值的要求，而且当时因美洲黄金的流入而供给相对宽裕。所以，1717年英国得以从金银双本位制变为单一的金本位制，这一变化当然还有金银比价问题。19世纪金本位制扩展到全球，成为国际主导性货币制度，延续到20世纪70年代。但我国因自然经济而没有货币升值的需求，银本位制得以持续。所以，黄金对中国现实经济的参与度是很低的，我国的黄金货币文化缺乏深度和广度，并影响至今。

我国金本位制的遇冷，归根结底是需求问题，是货币升值的需求因商品经济的低水平而相对迟缓，没有转向金本位制的强烈需求。需求的不足是造成我国黄金生产力低下的原因之一，受物质短缺的影响，我国是先发展经济，保障供给，把生产置于需求之前，当物质充裕之后，需求就成了经济发展首要考虑的问题，成为拉动经济发展的动力之源，这种思维的调整对于认识我国黄金市场的发展问题是现实和重要的，拉动需求已是我国黄金市场的发展之本。

发展之路并不平坦

1840 年的鸦片战争是我国的国运由强转衰的标志，此后我国逐渐成为被西方列强瓜分的半殖民地半封建社会，这是我们中华民族的苦难时期。在社会动乱中，我们的前辈认识到乱世黄金的宝贵，但动乱的社会环境使我国黄金生产发展进入了一个低潮期。

低水平上起步的黄金工业

我国进入贫金时代后，黄金也有过短暂的发展期，这是 19 世纪末到 20 世纪初的 30 年我国出现的一个黄金生产的高潮期。在这一时期，黄金产量由以两计上升到以吨计。清王朝退出历史舞台的 1911 年，我国的黄金产量达到了 15 吨，创造了我国黄金产量的一个历史纪录，但这只是一颗一划而过的流星，并没有形成持续的发展力，因为之后是一个动乱的时代，黄金生产力很快就萎缩了。到 1949 年中华人民共和国成立，黄金产量仅有4吨多，还不到1911年历史纪录15吨的三成，而且这一纪录一直保持了66年，成为1949年之后我国多次努力而未能超越的历史高峰，直到1977年才被改写。所以我国黄金生产力的低水平表现不仅是古代贫金、近代贫金，当代我国也有很多年饱受黄金短缺之困。

之后的20世纪60年代我国出现了暂时的经济困难，粮食减产，需从国外进口小麦，要用外汇支付，因而增加了外汇需求的紧迫性。在这样的情况下，当时具有硬通货地位的黄金的重要性也就突显出来。为解决国家外汇支付的困难，黄金生产的政策开始发生变化，早在1957年国务院（政务院）就下发了《关于发动群众增加黄金生产的通知》（以下简称《通知》），要求各级领导都要将黄金生产列入工作日程，发动群众增加黄金生产。但是这只是发出了行动的指令，与目标的达成还有很长的距离，这个过程是一个“制度”探索的过程，所以“制度”的创新与扬弃伴随着我国黄金工业发展的全过程，即使长达53年的黄金管制时期，制度的调整也不断发生，并非一成不变。

该《通知》是我国第一个发展黄金生产的国家级指导性文件，开鼓励和依靠群众采金政策之先河，群众采金政策一直持续了31年，直到20世纪80年代中后期才终止。依靠群众采金，增加黄金生产的政策出台，从认识论上，是基于人是生产力的第一要素，把增加人力投入作为加快提高黄金生产力、增加黄金产量之径。当时不仅是黄金生产，依靠群众运动的方式发展生产，表现在工业生产的方方面面，发动群众增产黄金的政策持续了31年。而从现实情况看，这一政策的出台和当时我国的工业化刚刚起步，资金和技术相对缺乏，劳动力相对富余的国情有关。但这也导致了我国黄金低水平的手工生产方式的长期存在，而落后的生产方式是我国黄金生产没有实现快速持续增长的原因之一，所以《通知》下发后的1958年，黄金产量虽然比1957年增长了24.26%，达到6.89吨，但之后便持续下降，到1962年产量仅有3.653吨，比1949年的产量还少了10.25%。

“制度”变革与中国黄金世纪

1993年国务院63号函的出台，标志着我国黄金市场化改革的启动，但改革并不是一步到位的，在当时黄金管制没有放开的情况下率先推进黄金价格形成机制的市场化，从而使黄金管理体制在缺少准备的情况下，开始从计划经济体制向市场经济体制的转轨。这是因为1993年国际金价与国内金价并轨的同时，我国取消了黄金生产发展基金，从而使管理机构的经费断流，“断炊无粮”机构的改革成为必然。而对于黄金生产企业的影响是在金价并轨的同时取消所有的黄金优惠政策，“有形之手”退出对黄金生产的直接干预，黄金企业发展动能由外置型变为内置型，即由国家外部推动变为企业内部生成。这次黄金管理“制度”的调整看似被动，实为顺势而为，因为1992

年 10 月党的十四大已确立了社会主义市场经济的改革目标，所以黄金市场化方向的确立已成必然。但是管理体制转轨需要一个磨合期，发展动能的转换也需要一个成长期，所以受新旧管理“制度”转换的影响，1994 年黄金产量持续增长的过程中断，当年出现了 4.6% 的负增长。1994—2001 年的 7 年“制度”转换期，黄金年产量由持续增长变为波动增长，其中有 3 年产量下降，4 年增长，1997 年甚至因新旧“制度”转换出现了金价调整的时间差，从而使国内金价高于国际金价，造成央行的黄金收购量竟然非正常地增长了 50.58%，这是 1949 年以来所仅见的。

虽然在这期间生产量出现波动，但因独立的生产指挥领导工作体系的建立而形成了行业发展的合力，从而提高了黄金工业适应变化的能力，内置动力的培育也开始逐渐发挥作用，所以在这个“制度”调整期内黄金产量总体上仍呈现增长势头，而其中的 1995 年是一个标志性年份，这一年我国黄金产量突破了百吨，达到了 108.5 吨，我国进入了全球主要的黄金生产国的行列。

经历了 7 年的改革过渡期，2002 年上海黄金交易所的开业，标志着我国黄金市场化的实现，而使我国黄金工业管理“制度”进入了全面市场经济时期。这一天也恰是国际黄金市场长达 20 多年熊市的结束之日，国际黄金市场开始进入前所未有的黄金牛市。2002—2012 年国际美元金价上升了 5.16 倍，国内人民币金价增长了 3.73 倍。金价的上涨使黄金生产企业盈利上升，在这期间黄金行业实现的利润总额增长了22倍，由2002年的15.28亿元增长到了2012年的351.41亿元。在气势如虹的黄金牛市的推动下，黄金企业发展内置动力表现强劲，我国出现了2000—2014年又一个黄金持续增长期，这个持续增长期持续时间为14年，短于上一个1975—1993年的18年持续增长期，但这一持续增长期生产的黄金总计达4 100.034吨，是前一个黄金稳定增长期产量的5.23倍，年均黄金产量是上一个增长期的6.63倍，也就是1949年以来黄金总产量的52.36%，这14年生产了中华人民共和国成立70年的一半多黄金。这是黄金发展“制度”的变革对黄金生产产生的重大影响，以实际发展成果证明了社会主义市场经济“制度”的优势。

从1949年算起，中华人民共和国的黄金产量攀上第一个百吨台阶用了46年时间，而2002年黄金工业全面进入社会主义市场经济体制后的10年间，我国黄金产量便连续上了3个百吨台阶：2003年黄金生产量达到200.6吨，攀登第二个百吨台阶是从1995年到2003年，用了8年的时间；2009年又登上了第三个百吨台阶，黄金产量为313.98吨，攀登这个百吨台阶从2004年到2009年，用了5年的时间；而登上第四个百吨台阶的时间又缩短了一半，只用了2010年到2012年的2年时间，黄金产量达到了403.05吨，如图1-1所示。2014年黄金产量达到了451.799吨，是这一增长期黄金产量的最高纪录，我国也成为当时全球唯一黄金产量超400吨的国家，黄金生产力的历史性突破为我国社会主义市场经济“制度”的优势做了最好的背书。

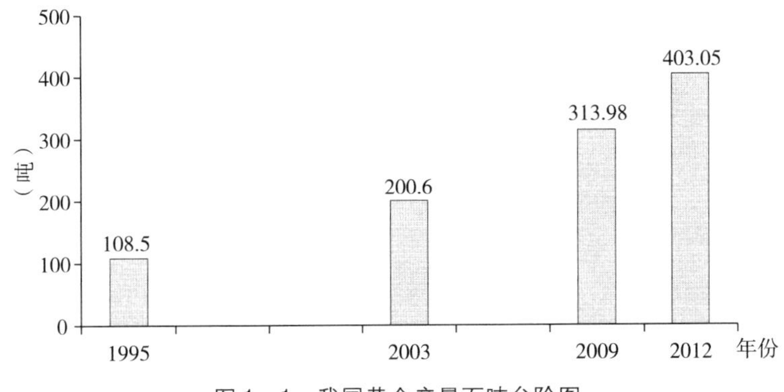

图 1－1　我国黄金产量百吨台阶图

资料来源：《中国黄金年鉴 2013》。

新世纪摘取了全球黄金王冠

2007 年我国以 270.49 吨的黄金产量超过了百年之冠南非，成为黄金产量新冠军，这是一次百年之变，但这并不是我们主动宣布的，而是由国际专业机构宣布的。2007 年我国能够登上世界冠军之位，多少有些出乎我们的预料，因为 2006 年我国黄金产量仅为 240.18 吨，低于澳大利亚的 247.1 吨，也低于美国的 251.8 吨，更低于南非的 291.8 吨，而居全球第四位，2007 年我们对全球排序的预期是超过澳大利亚居全球第三位，或超美国而居全球第二位。因与南非有 50 多吨的差距，所以我们认为南非仍会是世界之冠。因而当国际专业机构宣布中国是黄金产量冠军时，我们表示了质疑，中国黄金协会根据南非黄金产量下降 8% 左右的预期而宣布我国黄金产量居全球第二位，实际的情况是其他 3 个国家黄金产量下降程度远超我们的预期，2007 年澳大利亚、美国、南非的黄金产量分别下降了 20.57%、37.56% 和 45.68%，而我国黄金产量增长了 12.67%。此消彼长，最终我国以黄金产量多于南非 1 吨而名次连跃三位，成为全球黄金产量的新冠军。多少有些意外，但这也是新世纪我国黄金生产保持持续增长，而国际传统产金大国生产出现停滞或下降的必然结果。

黄金牛市也使我国黄金资源的开发成为地质勘探的热点，形成了一个资金投入高潮，因而我国在黄金生产力发展、黄金产量持续增长的同时，已探明的黄金地质储量也实现了突破。黄金地质储量供给不足曾是长期困扰我国黄金工业发展的老大难问题，但是 2005 年至 2017 年已探明的黄金地质储量实现了连续 12 年的持续增长，到 2017 年已探明的黄金地质储量为 1.3 万吨，仅次于南非而居世界第二位。我国已探明黄金地质储量增长量与增长率如图 1－2 所示。按现有黄金生产耗用资源量计，我国已能满足 20 年左右黄金生产的静态需求，因而黄金地质资源紧缺矛盾已得到极大缓解或基本已解决，这为我国黄金生产的更快发展奠定了坚实的资源基础，是我国黄金财富由贫乏到富裕的标志，是我国新世纪黄金之光的重要部分。经过不懈努力，我们终于攀上了前人所没有达到的历史高峰。在这个过程中，我们也在不断地进行“制度”探索，并在探索中创新和扬弃。1992 年党的十四大确立了社会主义市场经济体制的改革目标后，我国开始了全面的经济体制转轨，经济转型不仅使我国黄金

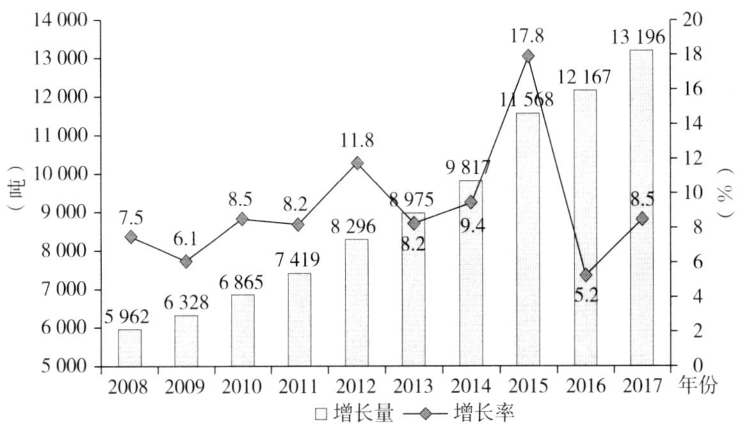

图 1－2　2008—2017 年我国已探明黄金地质储量增长量与增长率

资料来源：《中国黄金年鉴》（2009—2018）。

工业发展走出了低迷期，还使我国黄金产量登上了全球黄金王位。无论是地上已获得的黄金财富，还是已发现的地下储藏的黄金财富，都让新世纪中国黄金之光闪烁，但我们对社会主义市场经济体制的探索和实践并没有停止，而是在持续深化。

“无形之手”的两面性

2002 年开始的黄金牛市为我国黄金产业的发展带来了一次难得的历史机遇，而正是“制度”转轨的实现保证了我们能抓住这次机遇，但是市场具有机遇与风险的两面性。2013 年金价由升转跌，当年国际美元金价下跌 15.4%，国内人民币金价下降 18.01%，我国黄金行业盈利随之下降近六成（59.44%），亏损企业增加了 1.94 倍，亏损企业达到了当年统计样板企业的 20.49%。黄金持续增长维持到 2014 年，2015 年年产量下跌 0.39% 之后不仅没有终止，反而下跌幅度上升，2018 年比 2014 年累计下降 11.22%。黄金市场具有发展周期，它如果仅依靠市场机制自行修复进入下一个牛市，将是一个长期而充满不确定性的过程，损失将是难以承受的，但我国的社会主义市场经济不是自由市场经济，而是有监管的市场机制主导的市场，所以当市场机制运行出现阻力时，“有形之手”要有作为，要发挥作用，使黄金生产尽快走出低迷期。

推动技术进步是克服市场瓶颈的第一要素，但技术进步的实现往往需要攻关协作，而这需要“有形之手”——政府发挥主导性的作用。20 世纪 90 年代我国已探明的黄金资源虽持续增长，但低品位难选冶金矿占了当时已探明地质资源的 50% 以上，且因为冶炼技术不过关而成为呆矿，为此我国在 20 世纪 90 年代进行了以资源换技术的开放试点，但收效甚微，最后还是国家主管部门组织技术攻关才得以解决。而低品位难选冶金矿选冶技术的突破是新世纪我国黄金产量得以持续增长的要素之一，没有低品位难选冶金矿选冶技术的突破，就没有新世纪中国黄金之光。

2015 年黄金产量出现了 0.39% 的负增长，2016 年虽有回升，但之后的 2017 年、2018 年又出现了持续下降，原因是我国对环境保护日益重视，提高了黄金矿山含氰物料的排放标准，一些矿山因不达标而停产。另外，保护环境要求自然保护区内的金矿山迁出或停产。随着绿色生产对传统黄金生产的挑战，黄金生产技术创新成为一个现实的紧迫任务，而黄金绿色技术的发展又是提升行业技术含量的契机，因而中国黄金协会牵头推动了金矿含氰物料的排放标准及利用技术的创新，并已被列入国家标准规划，从而把我国黄金生产的绿色化推上了一个新的水平，这一技术的攻克定会成为我国黄金生产发展的极大推动力。

另外，随着国家对外开放的规模日益扩大和冶炼技术的创新，进口资源的利用大幅增多，已成为我国提高黄金供给能力的一条重要途径，而这是以“制度”做保证的，而保证和推动国际合作是“有形之手”的重要责任。国际合作已成为保持中国黄金之光的重要因素，虽然2015年以后出现了黄金产量下降周期，但我国黄金供给仍保持在一个高水平，这是国际合作的推进缓冲国内矿产金减产的因素。2017年，虽然国内黄金矿原料生产减产6.03%，黄金产量为426.14吨，但因进口原料的黄金产量增长了11.46%，达91.35吨，而使我国黄金总供应量突破了500吨，达到517.49吨。2018年国内黄金矿产资源的产量又下降5.87%，产量为401.12吨，而供应量仍能保持在500吨以上的水平，这还是因为进口原料产量超过了百吨。我国的黄金供给能力较1949年增长了130倍。因为国际合作，我国黄金生产具有国际竞争优势，排在我国之后的澳大利亚的黄金供给能力只有300吨左右。

新世纪的第一个10年是发生巨变的10年，我国在这期间无论是矿产金产量，还是已发现的地下储量，都进入了世界前列，因而我国已实现了由贫金到多金的千年之变。而这个千年之变又与中华民族振兴的关键时期相契合，所以这个千年之变产生的影响是极其深远而多元的。实现这个千年之变的过程，也是我国黄金“制度”不断调整探索的过程。

黄金管制诞生于 20 世纪 50 年代，20 世纪 80 年代开始松动，而 20 世纪 90 年代黄金市场化潮流汹涌，黄金管制虽未解除但已变得宽松，并最终在新世纪初终结。现在我国黄金产业已在市场经济“制度”中生存发展了 17 年，我国黄金行业对这一“制度”的认识已有了极大深化，更加理性地认识了“有形之手”和“无形之手”及其关系的规律。社会主义市场经济不再是一种书斋中的理论而变成了社会主义经济发展的运行原则。17 年的市场化实践使我国黄金市场的发展走出了一条有中国特色的从追随到引领的道路。

第二章 坚冰下的潜流激荡

我们所说的黄金市场化改革，就是黄金的流通由央行统收统配变为市场自由交易，它的起因我在拙作《破茧：解密中国黄金市场化历程》中更多是做了政治性的解读，但是任何经济现象的发生一定有经济的内在原因，而政治因素可能只是表象或触发点。内在的经济因素是我国黄金生产力的发展，它使黄金供给条件发生变化，进而对黄金管制“制度”产生了直接的影响。虽然黄金管制解除的标志是上海黄金交易所的建立，但那已是2002 年发生的事，在那之前随着我国改革开放的推进，创汇增多，我国黄金供给形势矛盾转缓，外汇供给紧缺状况不断得到改善，所以早在 20 世纪 90 年代黄金管制的坚冰下已是潜流激荡，黄金管制的基础已开始松动。

供给格局开始发生变化

黄金管制政策是在国家外汇短缺情况下的应急之策，它的法制化是 1982 年《金银管理条例》的颁布，而在上海黄金交易所开业之前，我国的黄金供求关系已开始发生从官储到民藏的变化，黄金管制的法制基础产生动摇，这是我国黄金市场化的根本动因。

外汇储备因开放日趋充裕

我国外汇短缺在很大程度上是计划经济的结果，1978 年我国改革开放，走上了与世界经济融合之路，我国外汇收入来源开始多元化。20 世纪 80 年代外汇储备超百亿美元，1994 年国家进行外汇管理体制改革，当年外汇储备就增长了 1 倍，到 1995 年达到了 753 亿美元，而这一年黄金生产超过百吨，我国成为世界主要的产金国之一，外汇供给的多项进步的叠加，使我国因外汇短缺而施行黄金管制的必要性和紧迫性开始缓解。

1995 年以后我国走上了外汇储备快速增长之路，增长速度甚至可用超常来形容，2000 年突破了千亿美元，达到了 1 680 亿美元，2002 年达到了 4 032. 51 亿美元。每年的外汇储备平均增长量超过千亿美元，此时我国面临的不是外汇短缺问题，而是外汇储备是否太多的问题，所以 2002 年上海黄金交易所开业时，我国外汇紧缺问题已得到解决，废止黄金管制而推进黄金市场化已是瓜熟蒂落之举。回溯 1993 年的黄金私买潮，我国还因担忧外汇储备，将巩固黄金管制作为国务院 63 号函的主旋律，从而使黄金市场化目标推迟了 10 年。国家如果知道第二年的 1994 年外汇储备增长就出现了逆转的新形势，那时的应对之策可能会有所不同。

黄金需求转为民藏主导

由于外汇储备的增加，黄金对国家的外汇支付的重要性开始弱化，所以在国家外汇储备中的黄金数量不增反减。20 世纪 90 年代我国的黄金储备量甚至低于 20 世纪 70 年代。我国 20 世纪 70 年代的黄金储备量是 398 吨，80 年代下降到 395 吨后，一直维持到 90 年代末，因而理论上，这么多年来黄金没有被国家储备起来而全部转为了民需，黄金在国家外汇储备中的占比开始大幅下降：20 世纪 70 年代，我国黄金在外汇中的占比平均为 65.79%，80 年代下降到 28.11%，到 2000 年仅为 1.75%，此时黄金储备在外汇储备中已被边缘化，虽然央行从 2009 年又开始增持黄金储备到现在的1 885.5吨，但是在外汇储备中的占比仅为 2.2% 左右，所以现在黄金在国家外汇储备中边缘化的地位仍没有变化。这表明国家早已不再是黄金的主要需求者，因而也不再是黄金生产责任的主要承担者，黄金持有者开始由官方向民间转变，黄金从官储到民藏的转变从根本上动摇了黄金统收统配体制的生存基础，虽然之后黄金统收统配体制又维持了 10 年，直到新世纪初的 2002 年。

储金于国到藏金于民，实现这一转变是以民众的黄金购买力为前提的。从国家储备的角度看，这一变化是由于国家外汇收入增多，可以有更多的黄金供给转向民需；而从民藏的角度看，央行不再是黄金的主要持有者，民众对黄金有多大的吸收能力呢？实际上，当时相关部门是有怀疑的，并在黄金管制放开的前夕出现了“黄金滞销怎么办”的讨论，但是这个担心最终并没有成为现实，这是我国改革开放之功。改革开放使我国不断走向繁荣富强，在这一过程中，一般民众也得到了巨大的经济实惠。1996 年以来，央行虽数次下降存款利率，但每年民众存款的增长都超过万亿元。因为个人及家庭收入有数十倍增长而涌现出近 4 亿人口的中产阶级，我国民众有了日益增长的购买力，而且民众的需求已成为拉动中国经济发展的重要力量，所以民众有在央行不再是黄金主要需求者后接盘的实力。

民众消费升级拉动了黄金需求

日益富裕的民众的购买力增长首先体现为消费升级。居民家庭日常耐用消费品 40 年来已经发生了 4 次升级：20 世纪 70 代年人们在满足最低生活需求之后，耐用消费品追求的是老三件——缝纫机、收音机、自行车；80 年代追求的是新三件——电冰箱、电视机、洗衣机；90 年代是小轿车；而新世纪则是为改善住房条件而产生的房产升级。因而居民消费先后经历了百元级、千元级、万元级、百万元级的升级。这一过程中，耐用消费品需求不仅在升级，民众家庭资产配置需求也在升级。据经济日报社中国经济趋势研究院发布的《中国家庭财富调查报告（2018）》，家庭收入增长促进了消费，但民众收入的增长一直高于消费的增长，直到2016年消费支出的增长才略高于可支配收入的增长。收入增长与消费增长之间的差距是个人及家庭持有财富的增长。该报指出，2017年家庭人均财富达到了19.43万元，而当今中国出现了民众财富持有的多元化和高档化发展的趋势，民众随着家庭财富的增多而开始从关注和追求财富的短期收益而转向财富的长期保值与传承。

黄金作为人类的绝对财富，在我国民众追求家庭财富保值与传承的大潮中被增持是一个自然而然的事。黄金市场开放初期，民众黄金消费选择有更多的炫耀需求，这是对黄金历史文化传承的结果，而现在民众增持黄金是基于财富保值与传承的需求，从而提升了黄金需求规模，这是日益有了增加黄金需求的经济能力的标志，所以我国黄金需求由官储向民藏的转变具有了现实的可行性。我国黄金管制正是在黄金供需关系不断变化的推动下开始从松动到扬弃，这是表象后面隐藏的真相，是内在经济而不是外在政治的推动力。

在市场经济的条件下，黄金需求变化是拉动市场供求格局变化的主导力量，而供给侧要根据需求变化而相应变化，以实现新的供求平衡，因而每一次黄金需求变化都会引起新的供求平衡点的变化，这个变化决定了黄金市场的发展规模和发展的方向，所以黄金市场的发展从本质上讲是不断追求新的黄金供求平衡点的提升，因而创造和形成黄金新需求是黄金市场发展之关键。

管制在潜流冲击下的松动

我国黄金市场这个新生儿虽降生于新世纪，但孕育于黄金管制尚存的20世纪90年代，在这期间我国黄金供求结构发生的变化导致了黄金管制的松动，而最终新世纪黄金市场诞生之日，便是黄金管制被扬弃之时。地冻三尺非一日之寒，黄金市场化并不是突然发生的，而是一个随着我国外汇供给由紧缺到充裕、从量的积累到质的突变的渐进过程。

黄金的供给开始内外兼顾

从1975年开始我国黄金生产便进入了一个持续增长期，我国黄金供给开始从极度短缺变为了有所缓解。我国的黄金产量于1995年突破百吨，达到了108.5吨，我国因而成为全球重要的黄金生产国。2000年我国黄金产量又增长了63.19%，达到了176.91吨，我国从全球重要产金国成为全球的主要黄金生产国，那时黄金产量已居全球第四位。黄金供给的逐步改善使国家黄金储备有可能兼顾国内民生。所以，虽然黄金仍处于管制之中，但黄金的使用已开始由满足外贸支付转而兼顾国内需求，所以对民众的黄金禁令开始有所松动，这个变化直接影响了后来中国黄金市场化流通模式和流通路径的选择。

中华人民共和国成立后的半个多世纪，黄金的社会功能定位是一种重要的国家外汇储备，黄金在20世纪70年代以前一直在国家外汇储备中占四成以上的比重，个别年份如1970年达到九成。黄金主要是被集中用于进口贸易支付，这也是实行黄金管制的原因。所以，我国对国内民用黄金实施严格控制，全面抑制黄金民用，以集中用于外贸支付，但随着外汇供应条件的改善，国家黄金储备有了新的使用方式。

第一，1979年我国发行了熊猫金币，一开始主要在境外发行，20世纪80年代中期开始在境内发行，所以境内的金币需求得到拓展，而新世纪我国已在熊猫金币的基础上发展出了一个多品种的金币生产发行体系，每年除发行熊猫金币外，还发行多种题材的纪念金银币。从用金量看，中国金币用金量已居全球前三，2017年金币用金量为26吨，是1991年的37.1倍。1979年熊猫金币的诞生，表明当时黄金储备在承担外汇支付功能之外，已有了黄金的商品增值功能，故民众已可以买卖以金币形态存在的黄金，而1982年我国黄金市场迈出的更大一步则是民众用金量最大的黄金首饰的市场供应的恢复。2008—2017年我国金币发行数量及增长率变化如图2-1所示。

第二，20世纪60年代我国为了抑制黄金民用而停止了首饰用金的市场供应，20年后的1982年恢复供应，并且在1985年一次性动用了黄金储备100吨用以加工首饰投放市场，是当年全年黄金产量39吨的2.56倍，几乎是当时3年黄金产量的

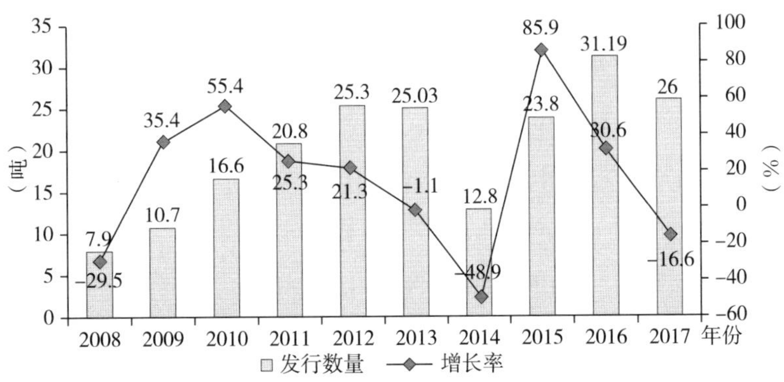

图 2－1　2008—2017 年我国金币发行数量及增长率变化

资料来源：《中国黄金年鉴》（2009—2018）。

总和。黄金储备破天荒地大量用于国内经济发展，是因为当时存在严重的通胀，通胀率高达 18%。而投放的 100 吨黄金，按当时牌价可回笼货币 54.4 亿元，在销售环节还可以产生 11.4 亿元的增值溢价，总增值率高达 71%，这不仅可以大量回收货币，有利于通胀的抑制，而且也是一件有利可图的事。这表明当时黄金在承担外汇支付功能之外，又承担了稳定国内货币的功能，因此民众在可以拥有金币之后，又可以买卖以首饰形态存在的黄金。

储备之变动摇了管制的根基

由于改革开放的推进，外资进入我国的规模不断扩大，随着出口导向型经济的发展，我国外汇储备逐渐增长。1982 年，外汇储备突破百亿大关是一个标志性事件，之后外汇储备不仅持续增长且增长的速度日益加快，到 2000 年突破了千亿大关，达到了 1 680 亿美元。这虽然与之后达到的近 4 万亿规模不可同日而语，但已是 20 世纪 60 年代平均值 6.08 亿美元的 200 多倍，是 70 年代平均值 11.67 亿美元的 100 多倍，是 80 年代平均值的 10 多倍，因而我国外汇储备发生了从缺乏到富足的质变，这一变化使国家对黄金的依赖性逐步减小。黄金管制放开的条件在 20 世纪 90 年代开始成熟，而且当时黄金民需已发展到对国家黄金垄断性持有的特权形成挑战，典型的事件是 1993 年辽宁海城感王民营黄金市场的出现，这是挑战的公开化。

直到 20 世纪 90 年代初，基于外汇的短缺，我国都是集中力量解决黄金短缺问题，所以黄金生产是国家高度关注的中心问题，黄金生产者是黄金增产的主导者，所以对黄金流通体制的改革拥有更大的话语权，也是当时影响黄金市场化的主导力量，但到 90 年代末我国外汇供给条件改善，黄金流通改革的主力变为了消费者，因而社会对黄金生产的关注度大大降低——无论是在国家层面上，还是在一般民众层面上，黄金统收统配体制的变革具有了更大的革命性。

1982 年恢复黄金首饰供应时，全国仅有 38 家首饰加工企业，年产值不足 8 000 万元，而且其中六成还是来自对外贸易加工的收入，每年加工用金量也只有数吨，远远不能满足日益富裕起来的民众的需要，因此 20 世纪 90 年代很多人利用深圳对外开放的特殊地位，纷纷涌到深圳与香港相邻的沙头角中英街购买黄金首饰，这也成为当时深圳开放的一景。在 20 世纪

90 年代末，香港十大产业之一的黄金珠宝业开始迁往深圳，深圳成为我国黄金珠宝业的加工企业聚集之地，因而国内开始产生黄金原料的需求。这一行业的发展与黄金管制的矛盾日益增加，因为管制造成黄金原料的供给不足和物流不畅，禁锢了其发展，使一些脱离黄金管制体制的打“擦边球”的行为出现，并一度泛滥，这也成为推动黄金管理体制改革的直接动因之一。

黄金是一种特殊金属，是金融市场中的传统交易标的，拥有黄金一度是我国民众长期被压制的欲望，而随着我国民众收入的提高，20 世纪 90 年代民众要求拥有黄金的愿望变为了强烈的行为冲动，地下黄金交易达到了相当规模，而且久禁不止，当时国家相关部门为此还增加了黄金缉私人员的编制，即使如此，民众黄金投资的需求并没有消失，而是变为了半公开的存在，成为推动放开黄金管制的又一个重要的力量。

黄金市场化改革虽是完成于新世纪初，但在 20 世纪 90 年代民众黄金消费与民众黄金投资双重需求的推动下，改革已提上了议事日程。民众对黄金商品消费的需求是对黄金社会功能实现多元化提出了要求，而黄金投资需求则是对破除黄金垄断管理体制提出了要求。所以 20 世纪 90 年代暗流涌动，黄金管制体制早已岌岌可危，2002 年我国黄金市场实现了从零到一的突破，完成了黄金市场化最后的“临门一脚”，水到渠成，极为顺利。这“临门一脚”既然是水到渠成，那么它又有什么特殊的价值呢？

具有国际意义的"临门一脚"

黄金市场化是一个渐进的过程，早在1992年这一改革目标就已确定，而且早在1982年黄金管制就已松动，但这些变化都是量变，只有"临门一脚"的完成才是质变的发生，才产生了根本的变化。根本的变化首先是央行实现了角色的转变，从黄金的直接经营者变为了市场的管理者，实现了我国黄金财富流动主导者从官向民的转变，民众长期被抑制的黄金需求潜力变为现实的消费能力。而在消费持续增长的拉动下，我国成为世界第一大黄金需求国和全球第一大黄金生产国，并且改变了国际黄金物流格局。我国由黄金出口国变为黄金进口国，并且进口黄金已从市场供给的补充性供应源，成为远超国内矿产金和回收金的第一大供给源，我国于2013年成为全球第一大黄金进口国。因而我国黄金市场诞生的意义已超越自我而重塑了国际黄金财富的流转格局，进一步推动了"西金东流"的当代国际黄金物流大趋势，从而使我国黄金市场的国际影响力达到了一个新高度，这是"临门一脚"完成的又一国际意义。2008—2017年我国进口黄金数量变化如图2－2所示。

我国完成了黄金市场化的"临门一脚"，解除了我国民众黄金需求的制度性羁绊而将民众黄金需求潜力迅速地挖掘了出来。2013年我国不仅超过印度成为全球第一大黄金消费国，并成为全球黄金消费量唯一超过千吨的国家。2017年我国黄金消费量为 1 089 吨，为当年我国总需求量的 76. 17%；2018 年为 1 151吨，为当年我国黄金总需求量的 65. 41%。黄金消费的第一大领域是黄金首饰，虽然我国 1982 年就已恢复了黄金首饰供应，但黄金市场开放之前的 10 年，我国的黄金消费平均年用金量还不足 200 吨（192. 55 吨），而从 2002 年上海黄金交易所建立到 2017 年，我国黄金年均消费量达到 642. 53 吨，增长了 233. 7%。特别是 2013 年到 2018 年，黄金年均消费量达到了千吨以上，为 1 051. 57 吨。

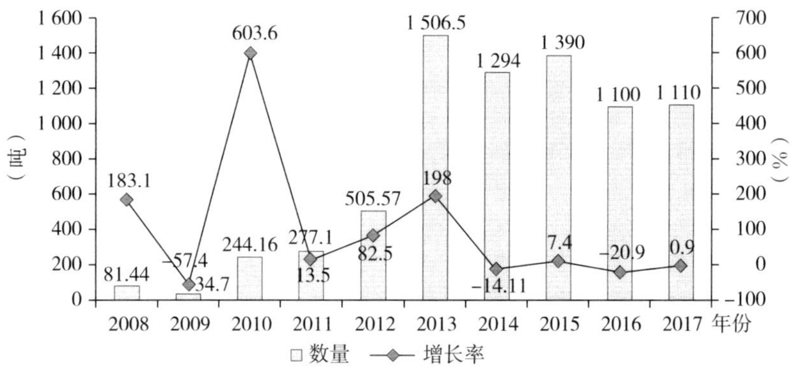

图 2－2　2008—2017 年我国进口黄金数量变化

资料来源：《中国黄金年鉴》（2009—2018）。

以上是我国黄金消费需求的变化，而黄金投资需求得黄金市场开放之利有了快速发展。2004 年，我国开放了面向一般民众的黄金投资市场，首先上市的是四大国有银行推出的品牌小金条，它唤醒了民众对“小黄鱼”的历史记忆，现在市场上的黄金投资产品已呈现多样化，并且黄金投资者已普及化，从一般家庭主妇到社会知识阶层等很多人都参与黄金投资，所以黄金投资市场已经多层次化，可以满足不同投资群体的多样化要求。黄金投资需求的旺盛使上海黄金交易所仅运营了5年就成为全球最大的场内即期黄金交易市场。我国实金（金条+金币）投资需求量2017年为302.39吨，比2016年增长了4.69%，如果进行国际比较，这个数字无疑让人印象深刻。除我国外，2017年实金投资前三名的国家分别是印度、德国和泰国，这3个国家的实金投资需求量分别是164.2吨、106.5吨和64吨，分别为我国市场需求量的54.3%、35.22%和21.16%，我国实金投资需求量几乎是这3个国家实金投资需求量之和。

我国黄金市场的开放带来的一个根本性变化是需求成为拉动市场的主导力量，供给满足需求，多样化需求带来了我国黄金供给侧改革，供给侧改革不仅影响了矿产黄金生产，为黄金矿业发展开拓了市场空间，而且带动了我国黄金加工业的发展，进而拉动了我国黄金流通销售业的发展。所以我国黄金市场的一个基本特征是：黄金市场化使实物黄金财富拥有的主导者实现了由官储到民藏的调整，而这种调整拉动了黄金需求量增长的同时，也拉动了黄金产品多样化需求，从而促进了中国黄金产业链的发展，使中国拥有从勘探到加工再到终端市场的完整产业链。这个黄金产业链不仅完整而且各环节均有世界一流的规模，这在全球是绝无仅有的，因而我国黄金市场拥有强大的黄金实业支撑力，具有发展的稳定性。当今国际黄金市场大多是没有黄金实业支撑的市场，大多是流转和交易主导的市场，这些黄金市场所在地并不是黄金财富的聚集地和黄金加工业的聚集地，没有形成黄金生产力的全产业链结构，而我国因有黄金产业链支撑，所以黄金市场在承担黄金交易功能的同时，还承担着黄金财富聚集的功能，在我们民族振兴的关键时刻，我国黄金市场的这一聚财功能具有重大意义。黄金市场的建立对我国而言，最大的意义是黄金经济的发展由“有形之手”主导变为了“无形之手”主导，而“有形之手”的监管工作体系，使我国黄金经济得到更快发展。正是因此，黄金市场不仅提供了黄金交易平台，还是金融市场衍生品交易的基础市场，而且填补了我国流通市场的缺失，是我国黄金资源配置的指示器和黄金财富的聚集器，为我国黄金实业发展承担了多重社会功能，从而具有了重要的稳定社会经济的意义。

第三章 黄金市场从零到一的突破历程

由于黄金生产力的发展，我国黄金的供应侧和需求侧都在发生从量的积累到质的突破的变化，20 世纪 90 年代以前的变化基本上属于量变的积累。对黄金管制的必要性，无论国家高层，还是一般民众层面，都达成了共识，因而黄金统收统配管理体制在当时具有很高的权威性，这一管理体系得到了自上到下的一致维护而无挑战者出现。1986—1990 年我国经济发展的“八五”期间，在“有形之手”倾力支持下，黄金产量年平均递增率达到 11. 23%，黄金年均产量达到 52. 9 吨，比“七五”期间的 31. 206 吨又提高了 69. 52%，所以对“八五”期间的黄金生产工作，相关领导层表示满意，认为我国找到了一条发展黄金生产的正确之路，因而决定在未来的“九五”期间，以稳定为主调，不再出台新的黄金管理政策，对现行的产品管理和行业管理的工作体制也不进行大的改动，但这一工作安排却因辽宁海城感王民营黄金市场的突然出现而被打乱，1993 年黄金市场化改革在缺少准备的情况下启动了。

点燃了我国黄金市场化的火种

国务院对“九五”期间黄金工业发展的工作安排因1993年感王民营黄金市场的出现而被打乱，它成为一颗黄金市场化改革的火种，1993年也被称为我国黄金市场化改革元年。

感王镇是距辽宁海城18千米的一个边远小镇，其名不扬，这里既不产黄金，也不加工黄金首饰，更不是金制品的集散地，却得改革开放风气之先，因创立感王黄金市场、掀起了一场黄金市场化的改革风暴，而名播远方。

感王黄金市场是一个民营黄金市场，所谓民营黄金市场，是在工商部门完成企业登记注册，但黄金业务未经央行批准的市场。它在柜台上交易黄金首饰，柜台下也时有黄金交易，更为不可思议的是，这个市场公开宣布其市场金价与国际伦敦美元金价接轨，随国际金价变化而变化，这显然有悖于《金银管理条例》。《金银管理条例》规定，黄金是由央行定价并实行统收统配管理，因而感王黄金市场与国家《金银管理条例》的有关规定相悖，而且属于越权改革。一个乡镇级领导没有权力推动这样属于非权责内的改革，所以有人认为感王黄金市场属违规市场，应关闭，但央行对感王民营黄金市场的意见是整改，允许其存在。所以实际情况是感王黄金市场在上海黄金交易所开业以前，一直是以与国际市场接轨为特色而存在的市场（报价与伦敦市场接轨），直到2002年上海黄金交易所开业，其这一特殊的功能丧失才自然退市。实际上，1993年以后我国出现了黄金二元交易结构，即央行的黄金统收统配市场与感王黄金自由交易市场并存，只是感王黄金市场被强烈抑制成为一个只能存在而不能发展的市场，所以感王黄金市场虽存在但也不能对央行黄金统收统配体制造成重大冲击，黄金管制又得以延续10年。

对国务院63号函的解读

感王黄金市场的出现对黄金统收统配体制造成了一定的影响，因为这一事件是一颗火种，有可能发展成终结黄金管制的燎原大火，是顺势推动黄金市场化，还是整肃市场坚持黄金管制体制呢？这时急切需要国务院对出现的新问题的处理原则做出明确，这就是国务院63号函下发的背景。当时社会普遍认为国务院63号函是我国黄金市场化的标志，这可能是一种误读，因为63号函总体不是启动黄金市场化改革，而是重申和维护黄金统收统配管理体制，而黄金市场化只是作为一个未来方向予以确认，我们可以说1993年是黄金市场化的元年，仅此而已。即使最具有市场化改革意义的金价与国际金价并轨改革，也是为了巩固黄金统收统配管理体制，而不是为了推进黄金市场化改革，当然后来金价并轨成为黄金市场化改革的导火索也并非有意的安排，而是出人意料的。

社会对总体是巩固黄金统收统配管理体制的国务院 63 号函做出市场化解读，更多是因为党的十四大刚结束，大家对市场化改革充满了向往。63 号函下发的基本出发点是国家对外汇储备短缺前景的担心而坚持黄金管制的工作体制，而之后的实际情况是，从 1994 年我国对外汇储备管理进行改革，并进入一个外汇储备快速增长期，在之后不到 10 年的时间里外汇紧缺矛盾变为相关部门对外汇储备过度忧虑。如果 1993 年国务院在下发 63 号函时，能预期到这个发展前景，可能不会让黄金市场化后延 10 年到新世纪初，但未来具有不确定性，国务院 63 号函也只能在当时的现实基础上产生，而将黄金市场化作为未来发展的一个前景。

国务院 63 号函是 1993 年 8 月下发的，实际在 3 个月前已下发了一个关于黄金政策调整的“7 号通知”，这是对 5 个部门上报的有关黄金政策请示的回复。“7 号通知”涉及黄金及金制品提价，其中确定对黄金提价 6.67% （100 元），而央行加价 15% 配售，工业用金配售价提高 26.58%；对金首饰提价未做硬性规定。另外，国务院请央行对《金银管理条例》按《全民所有制工业企业转换经营机制条例》的有关规定提出修改意见，要求国家黄金局提出外资开发低品位、难选冶金矿资源试点的实施办法。国务院“7 号通知”基本上延续了小步提价、稳定黄金管制的一贯工作思路，而对于黄金市场化推进没有只言片语，所以“7 号通知”并没有发挥预期效果，问题没有得到解决，所以国务院在“7 号通知”发出后又下发了 63 号函，意在强化对出现的问题的解决力度，并在坚持黄金统收统配管理体制不变的情况下强化对市场化改革的引导。

如果我们对63号函的政策主题做概括的解读，中心就是管住黄金产品、放开黄金价格。当时国家的外汇收入虽然已有很大的增长，外汇储备在20世纪80年代达到百亿美元台阶后虽继续增加，但这也仅是对外汇短缺矛盾的缓解，还未彻底扭转（新世纪初我国的外汇储备才基本上完成了这个转变），从这一现实情况出发，我国还不能立即放开黄金管制，所以还要管住产品。而要化解当时出现的市场化改革诉求对黄金管制的冲击，采取的对策就是实现金价并轨。63号函虽然没有明确规定开始推进黄金市场化，但也对黄金市场化的诉求做出了回应，即人民币金价与国际美元金价的挂钩，使当时人民币金价大幅提升，以满足黄金生产者对利益的诉求来缓解对黄金统收统配体制的冲击。当时国家主要的诉求是保持黄金垄断权而不是获利权，国务院下发63号函的主要目的是稳定黄金统收统配管理体制，这是那时的大局，而市场化改革在当时属于一个相对次要的问题，所以我国并没有立即开始推进黄金市场的建设，而是规定了一个市场化的过渡期。

管住产品，就是维持黄金统收统配管理体制不变，但国家又确定了实现黄金市场化是最终目标，要努力实现近期目标与远期改革目标的平衡。黄金市场化虽然还不是近期目标，但63号函明确了3项推进黄金市场化的工作：一是国务院法制局会同有关部门对《金银管理条例》根据《全民所有制工业企业转换经营机制条例》的要求提出修改意见；二是央行对国家黄金市场的建设开展前期研究；三是推进黄金价格机制改革，实现国内人民币金价与国际美元金价接轨，国内金价随国际美元金价的变化而变化。

价格并轨对于消除感王市场对黄金管制工作体制的冲击是最有价值的改革：一是满足了黄金生产者的利益诉求，稳定了黄金统收统配的工作秩序，起到了防止火种外延的作用；二是虽然仍维持了黄金统收统配的传统体制，但金价并轨后我国实行人民币金价随国际金价变化而变化的浮动金价制，实际是在黄金统收统配的管理体制内引入市场机制因素，从而改变或改良了黄金统收统配的运行机制，成为一个推进黄金市场化的实际步骤。最终，人民币金价与国际美元金价接轨的确成为黄金管制崩溃的催化剂，但当时社会对这一点还未有深刻的认识。

国务院63号函明确价格并轨的同时，取消原来黄金生产的优惠政策，但不是一步调整到位的，而是有一个过渡期，因此63号函的另一个重要内容是确定了黄金行业在过渡期内的过渡性政策安排。这一安排宣告了黄金产业发展政府主导的模式结束，黄金发展动力的内置化转变的开始。如果说金价并轨对黄金生产企业的深刻影响6年以后才显现出来，那么黄金行业机构改革和管理体制改革是随即展开的。因为金价并轨导致了行业管理经费的断流，管理机构改革便是燃眉之急，因而“九五”期间黄金行业进入了一个转型改革期。

人民币金价与国际金价的接轨实际上是拆除了对黄金生产

者的市场保护墙，国际黄金市场的风险可直接传递到国内市场而且最终由黄金生产者承担，这是促使黄金行业走上转轨变型改革的直接原因。而当时金价与国际接轨却得到了黄金业的一片喝彩，因为并轨使国内人民币金价上调了九成多，黄金生产者因此成为这次价格改革最大利益的获得者，但63号函取消了黄金生产的优惠政策，所以我国黄金生产者只是金价并轨的短期利益的获得者，却是长期风险的承担者。金价并轨后的6年因国际金价变化符合生产者利益，或变化在可容许的范围之内，所以市场基本平静，黄金管制也能够依然如故，黄金市场化改革停滞。打破平静的是国际金价出现了持续下跌，金价并轨暂时形成的利益格局被打破，并因矛盾激化，黄金管制的成本与风险急骤升高，这促使央行在1999年开始以小步试探的方式启动了黄金市场化改革。

改革沉寂6年后再启动

金价并轨使国内人民币金价由每克48.2元上调到75.85元，再调到94.46元，两次调价上涨了近1倍（96%），因而黄金生产者对获得的利益感到满足，对管住产品、放开价格这个改革结果是满意的。而人民银行作为黄金统收统配政策的执行者，稳定黄金收售秩序是它的最大诉求，对统收统配管理体制因此得以维持也是满意的，所以1993年的改革形成了新的利益格局，也使黄金市场化改革出现了一个长达6年的平静期。在这6年中，1993年国务院63号函确定的改革并没有进一步跟进，而是归于停滞，黄金管制依旧。这个利益格局能够得以维持与国际市场黄金价格出奇平稳有关。1994年的黄金年平均价格为每盎司（约28克）384美元，1995年为384.17美元，1996年为387.77美元，3年的价格波动仅为1%左右，所以国内人民币金价3年只做过4次调整，虽下调但仅下调不足1%（0.98%）。所以对于黄金生产者来说，这是一个很高的市场舒适度，因而没有求变的愿望和改革的动力。这一局面一直到1997年才被市场形势打破：金价由平稳变为持续下跌，到2001年人民币金价年均下降近1/4，即24.85%，因此国内金价由1996年每克95.48元，下降到2001年的71.75元。对于黄金生产者来说，金价下降意味着收入的减少和盈利的下降，但是因为当时黄金管制还未最终解除，仍由央行实行统收统配，所以面对市场风险的黄金生产者，不再呼吁黄金市场化改革，而是要求央行进行价格保护，而且央行也回应了，如每克低于80元，即按高于国际金价3%予以收购。

这一变化对于央行来说，则是一场灾难，黄金的统收统配使黄金管制工作体制中的央行成了市场风险的主要承担者，高卖低买的经营风险扩大，可能产生的经营性亏损甚至全部由央行买单。为了避免黄金经营的损失，实现国内金价与国际金价的同步，央行调价的频率不断加快，由年度到月度，最后是每周一调，但仍不能实现同步，这不仅大幅增加了工作量，还为投机者跨市套利提供了机会，黄金经营中甚至出现了大的经济亏损。要解决这个问题，只有推进黄金市场化改革，把这个风险交给市场。在这种情况下，央行从黄金管制的维护者成为放开管制的推动者，于是 1999 年黄金市场化改革再启动。

对黄金市场化改革再启动，央行开始是极为谨慎的，所以并没有一步到位地推动黄金市场的组建，而只是想对黄金统收统配体制做一些小的改进和做一些黄金市场化的探索，但最后为了配合市场化改革，也有比较大的改革行动。

——1999 年，千禧年的前一年，央行批准中国金币总公司发行“千禧金条”。虽然 1979 年就发行了熊猫金币，但这是中华人民共和国成立以来金条第一次进入市场且民众可以自由购买，虽然冠以“纪念”二字，但这无疑唤醒了人们对 20 世纪三四十年代“小黄鱼”的记忆，昭告了黄金管制即将结束。

——2000 年，央行批准深圳利用地方自有外汇进口黄金，作为黄金原料卖给需要黄金原料的首饰加工企业。这不同于黄金的计划分配而是按需销售，这一改革使黄金交易方式在统收统配之外又多了一种选择，对我国长期受黄金原料不足困扰的黄金首饰加工业的发展无疑是雪中送炭。由于深圳得改革之先机，形成了发展优势，不仅中国香港的首饰加工企业，就连中国内地的也纷纷迁往深圳，深圳黄金珠宝加工业进入了一个发展新阶段。现在深圳黄金珠宝业已成为一个加工企业上千家、销售企业上万家的具有深圳特色的产业。

——白银市场是黄金市场的探路者。1999 年央行率先放开了白银管制，建立了上海华通白银市场。白银市场于 2000 年 1

月正式挂牌营业，但效果并不尽如人意，交易清淡，至今上海华通白银市场也没有发展成为中国白银交易的中心市场，并不成功的白银市场为黄金市场的组建提供了警示，因而白银市场受挫的正面意义是为黄金市场的建设提供了可直接借鉴和反思的现实案例，且对黄金市场的成功筹建发挥了重要作用。

央行对黄金市场化再启动虽谨慎，但改革目标明确，这使地方政府看到了难得的机遇，反应积极。当黄金市场化再启动的信息传出后，北京、上海、深圳、天津、武汉等 5 个城市以不同的形式向国务院提出了申办黄金市场的愿望，最后花落上海，这个选择是国家打造上海国际金融城市战略的一部分，从而使上海金融市场体系中缺失的一环最终得以完善。当时改革除外部力量的推动外，央行内部的压力也在增加，上海黄金交易所的一位高管曾撰文透露：“对央行而言，到了 2000 年货币政策管理和金融监管力度加大，取消黄金统收统配政策，开放黄金市场，可以集中精力强化宏观调控、货币政策管理和金融管理职能，也顺应了国际国内市场形势和产业发展趋势，同时，国家外汇形势明显好转，通过黄金换汇的迫切性减弱，开放黄金市场的时机已经具备。”所以，1999 年谨慎起步的黄金市场化改革便很快成了央行明确的工作目标诉求。所以，2000 年我国黄金市场的筹建进入了行动阶段。

2000 年我国黄金市场筹建起步，在当时不少人认为这意味着我国黄金产业对“有形之手”——政府主导的黄金监管体系的扬弃，而转向“无形之手”——市场主导的管理体系。但对这个扬弃的过程存在着两种不同的思路，一种是“有形之手”完全退出，由“无形之手”承担“有形之手”退出后的全部权责，而率先放开管制的白银市场走的就是这样一条路，但是并不成功，所谓的自由市场理论更多是一种主观愿望，与现实相差甚远。并不成功的白银市场为黄金市场的筹建者提供了参考，因而“有形之手”如何发挥作用、弥补市场缺陷成为另一种选择的思考重点，而让人欣慰的是，我们最终选择了第二条道路，我国黄金市场走上了有顶层设计的发展之路，并取得了成功。

第四章 中国黄金市场的顶层设计

从2000年开始，我国黄金市场进入具体筹备建设阶段，基于白银市场的前车之鉴，央行有了更多的思考，决定走一条不同于白银市场的筹建之路。这并不是一开始就确定的，黄金市场筹建起步之时有多种方案，且筹建方案多次变更，最后由央行决定直接介入，在上海外汇交易所的平台上组建上海黄金交易所，即“有形之手”通过加强市场顶层设计，建立一个接受央行监管的黄金市场。这一道路的选择与英国、美国等重要的国际黄金市场发展路径存在差异，它们是在市场竞争的基础上逐步完善的，而上海黄金交易所是央行顶层设计的产物。对这种差异性的评价，涉及对人类经济学的认知，因而我们的论述需要向人类经济学做一些理论的扩展。当然，这绝不是小题大做，而是现实问题蕴含大道理，需要追根溯源。

对市场的认知尚未完成

发展是人类的共同追求，而对发展道路的选择，人类经历了一个漫长的过程，才终于发现了市场经济之路，即通过市场交换可以实现发展和富裕，因而扬弃了暴力掠夺而选择了商品生产，这是人类文明的发展之路。商品生产开始日益成为人类主导性的生产方式，商品交换开始成为人类主导性的生活方式。市场是商品经济的运行平台，而成为商品经济体系的核心，所以人类发展方式的这一变化自然就提升了市场在人类社会中的地位，市场逐渐成为人类生产的中心和人类生活的中心，但人类市场行为的升华与总结后置于人类的市场实践，并且是一个不断深入演进的过程。

古典经济学派与《国富论》

人类在经历了长时间不断试错之后，才接受了市场经济，它逐渐成为当代人类生产与生存的主导性方式。市场经济的形态和内涵都在不断变化之中，所以人类对市场经济的认识还在探索之中，远没有完结，所以当今还没有一个完美无缺的可四海皆准的市场经济模式，因为探索也一定是多元路径的选择。

人类第一次对市场经济进行系统总结并理论化是 18 世纪诞生的古典经济学派完成的，代表人物是亚当·斯密（Adam Smith），这一学派的学术奠基之作是他的不朽之作《国富论》

（*The Wealth of Nations*），距今不到三百年的历史。

亚当·斯密是苏格兰人，生活于1723—1790年，是18世纪古典经济学的代表人物，其最重要的著作《国富论》奠定了人类经济学的理论基础，从此经济学成为人类的一门独立学科。这是第一部通过对欧洲产业发展史和商业发展史的阐述，向人类揭示市场这只“无形之手”对人类经济发展的作用及其运作规律，指出了人类劳动创造价值、交换实现价值的文明发展之路。他主张经济自由主义，提倡自由经营、自由竞争、自由贸易，反对政府对经济的过多干预。正是这种经济自由主义的认识观改变了人类对社会发展的传统认知，在古典经济学诞生后的两百多年里，古典经济学被奉为人类经济学的经典和政治家治国的原则。在亚当·斯密经济自由主义流行的时代，政治家们也一直把传统的金本位制视为行为律条，以维护金币的自由铸造、自由支付、自由进出口为己任，这是金本位制存在的文化条件。如果不是1929年的经济“大萧条”的冲击与震撼，人们还会沉浸在“无形之手”完美无缺的信仰之中。

古典经济学诞生两百多年后，人类面对20世纪30年代发生的经济危机而市场却迟迟不能走出困境的现实，发现市场这只“无形之手”也并非完美无缺，并不能迅速修复所出现的发展失衡，于是开始寻求弥补市场缺陷之道，就有了新古典经济学的登场亮相。新古典经济学的诞生并不是对古典经济学的否定，而是人类对市场认识的又一次深化，冠以新古典经济学之名，意在表明其与古典经济学一脉相承。

新古典经济学诞生于危难之中

第一次世界大战的战火刚熄灭，全球又陷入经济危机的泥潭且久久不能走出来，历史常有惊人的相似之处，战后的这场经济危机与2007年的危机同由金融危机引发，同样发源于美国并影响至全球。1929年，美国股市投机风潮失控，英格兰银行（Bank of England）于9月26日宣布为制止黄金外流和保护英镑在国际汇兑体制中的地位，将银行利率提高到6.5%，国际游资大量流出美国而进入英国。紧接着9月30日，英国又宣布从纽约股市撤资数亿美元，美国资金快速收缩使美国股市“失血”，从而诱发美国股市大幅下跌，10月24日终于崩盘，人们陷入了极度恐慌之中，当天就有11名股市中叱咤风云的投机老手自杀。但是这并不是最坏的时刻，到11月中旬股价下跌40%以上，许多人一生辛苦的血汗钱化为乌有。美国经济危机延续到1931年，工业总指数下降了53.8%；私营公司实现的利润从1929年的84亿美元下降到1932年的34亿美元，下降近六成（59.5%）；在不计算1 100万农村人口的情况下，全国总人口的28%，约3 400万成年男女无法维持生计；而在大萧条期间，美国企业破产高达109 371家。这场经济“大萧条”使全球经济受到重创，民众陷入苦难之中。受此影响，政治上出现了法西斯思潮，德、日、意等国建立了法西斯政权，为第二次世界大战埋下了火药桶。面对这场危机，信奉自由市场经济理论的胡佛政府束手无策，应对不利，1933年3月黯然下台，罗斯福总统上台。罗斯福总统上台后积极介入经济，实行所谓的“新政”，显示了政府这只“有形之手”对发展经济的担当。罗斯福总统的作为显示了政府这只“有形之手”在发展经济上能有所作为，也应有所作为，从此“无形之手”与“有形之手”成为经济学上的专用名词。但是美国彻底走出“大萧条”的阴影，还是因为又一次世界大战的爆发。第二次世界大战是人类的浩劫，但是为美国提供了一次百年不遇的发展崛起的良机。

“大萧条”埋下的火药桶在1938年引爆，第二次世界大战爆发，人类陷入更大的苦难之中，而美国则因远离战场而独得战争之利，军火工业的蓬勃发展使美国赚得盆满钵满，在他国普遍遭受战争蹂躏的时候，美国积蓄力量，取代英国成为世界老大。

20世纪30年代发源于美国的全球经济“大萧条”对人类社会的影响不仅体现在经济上、政治上，还体现在文化上，产生的重要文化成果是新古典经济学，其代表人物是英国的凯恩斯（Keynes）。

凯恩斯不仅对美国应对30年代“大萧条”的经验教训进行了总结，同时也总结了英国应对“大萧条”的经验教训，而英美是当时主要的经济国家，它们应对危机的得失，具有全球的指引力，因而凯恩斯在总结英美应对“大萧条”的经验教训的基础上，提出了有全球意义的应对经济萧条的新思路，其创立的宏观经济学，与爱因斯坦的相对论、弗洛伊德的精神分析法一起被称为20世纪人类知识界的三大革命。凯恩斯的新古典经济学成为第二次世界大战后资本主义世界经济的主导思想，凯恩斯被称为“战后繁荣之父”。凯恩斯主要研究的是货币、利息和就业的关系，他认为“有效需求”是发展经济的牵引力，因而创造有效需求对于经济发展至关重要。为此，政府应以财政政策和货币政策直接介入国家经济，以解决“有效需求不足”的问题，这就是新古典经济学中“有形之手”理论，从理论上对政府介入经济的必要性给予了确立。新古典经济学颠覆了市场万能论，确立了战后政治家们的行为新准则。凯恩斯认为金本位制影响了“有形之手”的货币政策的自由度，而对金本位制持否定态度。新古典经济学改变了战后经济发展的形态与路径，使“有形之手”对经济的介入成为政治家们的一种责任，对市场的介入成为普遍的现实，尤其是对黄金市场。因为对黄金市场的介入是基于对货币政策调整的需要，是“有形之手”介入经济的手段之一。

“有形之手”介入已成常态

无论是19世纪金本位时期，还是20世纪黄金非货币化时期，在两百多年的历史中黄金市场一直是金融市场，与货币市场存在着密切的关联性，而且货币的发行与管理一直属于“有形之手”的权力。金本位时期，金币的发行、流通由财政部管理；在金汇兑本位时期，黄金储备是由财政部管理的资产，其流动性受到国家的管制。1954 年伦敦黄金市场恢复营业，其功能是维护和实现以美元为中心的国际货币体系的稳定。即使在黄金非货币以后，各国央行的货币实际仍未与黄金彻底分离，为了货币的最后保险而保持了超过 3 万吨的黄金储备，而黄金储备的流动性是通过黄金市场来实现的，因而各国央行并没有离开黄金市场，还保持了与黄金市场的联系和对黄金市场的影响力，所以黄金市场受到国家金融监管部门的监管。因为黄金市场不同于一般商品市场，是一个与货币有密切关系的金融市场，各国财政部基于外汇收支平衡和央行货币发行控制之目的，总会以某种手段或形式参与或监督黄金市场的交易，并已成常态。以英国为例，英国官方现在对伦敦黄金市场的参与有以下几个方面的内容。

一是作为全球实物黄金的保管者，英格兰银行为其他国家央行提供黄金保管服务，在此基础上为各国央行提供特定账号服务，为它们和它们的客户提供黄金交易服务。

二是作为财政部黄金储备的代理者，英格兰银行为各国黄金储备提供流动性，通过黄金市场进行黄金借贷，而英格兰银行黄金借贷行为是影响黄金市场远期价格的重要因素。

三是 1998 年英国成立了金融服务监管局，参与黄金市场参与者的职业行为标准的制定，并监督这些标准的执行，从业者的自律是在强有力的监管下实现的，并不是放任自流的结果。

不仅英国黄金市场与“有形之手”有着密切的关系，日本黄金市场也是这样。而巴西期货交易所是巴西黄金期货和期权交易的主要市场，不仅受巴西证监会监管，而且其本身就是巴西财政部组建的会员制独立机构，因而我国黄金市场受到央行的指引和监管也并非是特例，且有自己的特点。这个特点就是由于更注重事前的引导和规范，事中的监管和事后的处理具有了依据，从而避免了随意性。需要指出的是，2008 年美国金融危机爆发以后，各国都纷纷进一步加强对金融市场（包括黄金市场）的监管，并将其作为国家的战略选择，逐步开始形成国际共识和通则。

顶层设计：中国的解决方案

“有形之手”介入市场虽已成为广泛存在的现实，但并非没有非议，非议主要集中在“有形之手”乱作为、错干预会使经济发展受到损失，因而这也成为自由市场经济理论学派至今仍保持很大影响力的原因之一。而如何避免“有形之手”乱作为的情况发生，我国经济学界做出了自己的理论贡献，即提出了一个顶层设计的概念。

何为顶层设计？是政府在介入市场之前要做充分调查研究，在此基础上做正确的工作方案和路径设计，要界定政府能做什么，不能做什么，即政府行权要有节制，以避免对经济的乱干预和错干预，这是保证“有形之手”行为正确所必需的，是“有形之手”介入经济的前置条件。但有人认为人类社会发展本身就是一个不断试错的过程，只能通过实践做出纠正，因而不存在所谓的顶层设计。这实际上是主张“有形之手”无作为、不需作为。人类行为的修正不仅是实践的结果，而且是文化修正的结果，顶层设计作为一种文化修正，即使不能消灭错误行为，也能减少人类的错误行为，所以顶层设计是必要的，是有意义的，而我国黄金市场发展正是顶层设计践行的产物。

中国人民银行是我国的中央银行，也是国家外汇的管理部门。在黄金管制的工作体制中，它是黄金统收统配的具体执行者和管理者，而在黄金市场筹备推进的过程中，它是具体实施的领导者。黄金市场建成运行后，根据《银行法》的规定，它对黄金市场仍有监管之责，所以央行对我国黄金市场的发展具有引导和管理之责。黄金市场组建时，自由市场论者在我国也大有人在，他们认为黄金市场化是黄金市场自由化，主张央行退出黄金市场的声音不小，并一度成为主导的政策取向。但是，白银市场组建的教训让央行的决策者们多了几分谨慎。我国对白银和黄金都是长期施行管制的，1999 年率先放开了白银管制，白银市场的组建走的是全面放开、让市场说话的路子，但并未成功。为了不让黄金市场走白银市场的老路，央行就必须有担当，最终承担起推进路径和模式重新设计的任务，在此基础上推进黄金市场的建设，这就是我国黄金市场顶层设计的由来。

央行对我国黄金市场的介入不是对黄金市场运营的干预，而主要是通过黄金市场发展的顶层设计实现的，这是“有形之手”对黄金市场发展的一种非直接干预的软性管理，并且顶层设计贯穿于我国黄金市场发展的全过程，形成了我国黄金市场发展的一个突出特征。

我国央行不仅是黄金市场运行的监管者，而且是发展的指导者，但并不是市场运营的主导者，正如央行相关领导的表述："央行将继续支持我国黄金市场的持续健康的发展，通过进一步完善法律法规和监管规则，实现市场的标准化，央行将为黄金市场创新和发展创造有利的外部环境。"这表明央行对黄金市场介入的边界是为黄金市场创新与发展创造有利的外部环境，并不是对黄金市场内部运营进行干预，每一个市场的参与者都是一个独立的自我发展的经济体。具体而言，政府通过法规监管，保证交易过程的透明与公平。我国黄金市场顶层设计发展的理论渊源是新古典经济学，所以我国是市场经济的践行者和创新者，而不是市场经济的另类。

我国黄金市场顶层设计的内涵主要是对黄金市场发展方向的把握和发展模式的选择，经过比较选择适合自己具体情况的发展道路。我国黄金市场的顶层设计最大的意义是避免了重复性试错，使我国黄金市场这个后来者可以在前人试错的基础上博采众长，因而学习不再是模仿而成为超越，这是我国黄金市场能够快速发展的原因。

央行：顶层设计的践行者

新古典经济学奠定了"有形之手"介入市场必要性的理论，但如何介入仍是一个有争论的问题。在不断试错的过程之中，中国提出的方案是进行顶层设计，而我国黄金市场就是顶层设计的产物。

黄金市场筹建期的顶层设计

在我国黄金市场筹建方案的设计阶段，央行对我国黄金市场的顶层设计主要有以下几个方面。

黄金市场建在哪儿、由谁建

基于支持上海金融中心城市建设的需要，国务院决定黄金市场花落上海，上海立即面临黄金市场由谁来建、如何建的问题。在国务院批准后，上海方面立即组建了黄金市场筹备班子，着手进行具体的组建工作，但是后来在但求所在、不求所有的思想指导下，班子很快退出了筹备工作，改由并不算成功的上海华通白银市场的相关人员接手筹建，这一变化的发生从源头讲是黄金商品论的产物。由于黄金外汇论是黄金管制的理论基础，所以现在要破除黄金管制，推进黄金市场化，就要扬弃黄金外汇论，建立新的理论基础，黄金商品论随之兴起。在国际黄金非货币的形势下，黄金商品论认为黄金已失去金融属性而实现了商品属性的回归。所以依照黄金商品论者的思维，既然白银管制在商品论指导下已放开，建立了上海华通白银市场，且黄金是和白银一样的贵金属，那么也就没有必要再建一个独立的市场，于是形成了在华通白银市场内建立黄金交易市场的改革方案，这个方案被认为可以最大化节约市场筹建资金，并一度得到认可而付诸实践，所以，上海筹备班子退出并以华通白银市场人员为主重组了上海黄金交易市场筹建工作班子。

这个组建方案之所以被接受，是因为黄金商品论在当时有很大的影响力，当时社会上有很多人甚至有黄金已是和北京居民冬储的大白菜、大萝卜一样的一般商品的看法。但这种以黄金商品论为指导的筹建方案最终被扬弃，相关决策者决定在上海外汇交易平台上，由央行组班筹建独立的黄金市场。今天看来这个决定无疑是奠定了上海黄金交易所发展的基础，没有当时的这一决策，也就没有现在的上海黄金交易所。决策者对中国黄金交易市场建在哪儿、由谁建的决定，被之后的发展证明是正确的，经受住了岁月的考验。

税收优惠政策能否向市场平移

上海华通白银市场之所以没有实现预想的成功，在很大程度上是白银税制设计出了问题。放开白银管制，推进白银市场化的同时，白银交易也不再享受原来的税收优惠，白银增值税恢复征收，使白银市场失去了税收洼地的优势，因而白银大量在场外而不是在场内交易，没有交易的市场必然是一个失败的市场。虽然 1994 年我国实行税制改革，建立了商品增值税制，但国务院以金银仍是统收统配为由批准免征金银增值税。而放开管制，建立黄金市场，免征黄金增值税的理由就不存在了，所以税务部门要恢复征收黄金增值税。而白银市场的教训使央行中黄金市场的筹建者深刻地认识到了税制平移市场的关键性，所以接手黄金市场筹建后，他们把黄金增值税政策向市场平移作为开业的前提条件，而与税务部门进行了持续的协调沟通，我们虽不知沟通的具体内容，但一定比较困难，因为免除金银优惠税制是1993年国务院63号函就已确定的改革原则，原定2001年11月28日开业的时间推延了近一年。2002年10月16日财政部、税务总局下发了“142号通知”，实现了黄金增值税政策的市场平移。这一税制的确立，满足了上海黄金交易所发展的前提条件，而具有了税收洼地优势的上海黄金交易所迅速成为中国黄金的交易中心，现在集中度已达95%以上。2003年矿产金产量达200.6吨，而当年上海黄金交易所黄金交易量为235.3吨，为矿产金的1.17倍，一度成为社会关注中心的辽宁感王黄金市场很快就关闭了。今天看来，坚持增值税政策平移是市场筹建者抓住了我国黄金市场成功的关键，这一政策平移的实现成为保证上海黄金交易所获得成功的制度性要素。

在当时黄金商品论主导的社会氛围中，黄金市场化就是黄金商品化，国务院推进黄金市场化的一个基本政策取向是同时取消20世纪80年代以来逐步形成的黄金优惠经济政策体系，黄金要回归于一般性商品管理。1994年以后，免征增值税政策便成为这个优惠经济体系中的核心内容，实现了增值税向市场的平移，打破了这种惯性思维，完成了一次思想突破，这就是黄金特殊论的出现，即承认进入市场的黄金仍然具有特殊的金融属性，黄金市场是一个金融市场，而不是一个一般性商品市场，故增值税这种在商品市场中征收的税，不应在黄金这个金融市场中征收，这就是黄金增值税平移市场的一个基本逻辑。

虽然此后社会上对免征黄金增值税有过质疑和争议，但黄金市场实行免征增值税政策基本上已成为一个共识，而在黄金商品论主导时，增值税政策向市场平移被视为一个异端，而使异端论破灭的是引进英国的“黄金特殊税制计划”。

这一黄金税制设计新逻辑之所以在我国得以建立，世界黄金协会是助力者。它1994年进入中国，恰逢我国黄金市场化改革起步，因而它不仅与当时的冶金部黄金经济发展研究中心（现在的北京黄金经济发展研究中心）联合举办专题研讨会和培训等活动，与我国的黄金生产与加工企业建立了联系，成为我国当时黄金企业与国际联系的窗口，而且积极配合央行的黄金管理部门的工作，成为2000年以后，央行推动我国黄金市场化改革的信息咨询服务的提供者，是我国黄金市场筹建时期的积极参与者。世界黄金协会首先把英国伦敦黄金市场增值税特殊计划的有关文件介绍到我国，并由北京黄金经济发展研究中心完成梳理和总结工作，研究的最终成果署本人的名字在《中国黄金经济》上发表。这一研究成果的结论是黄金免征增值税不是计划经济的特例，而是国际上的通行惯例。英国黄金市场是国际主导性的黄金市场，实行特殊税制计划为我国黄金增值税政策向市场平移提供了可借鉴的模板，从而也实现了我国黄金市场税制与国际的对接。如果说免征黄金增值税政策是上海黄金交易所成功的重要因素，那么世界黄金协会引进推介英国黄金特殊税制计划则是世界黄金协会对我国黄金市场化改革的一个贡献。

交易所是公司制还是会员制

20 世纪 70 年代以后随着各国黄金管制的解除，国际上出现了一个黄金市场发展的高潮期，但多数市场都是公司制，只有少数是会员制。公司制的黄金市场不仅是交易平台，而且是营利平台，因而是私利性的，公平与私利两者之间是容易出现偏差的，为了追求私利而往往会牺牲公平性，而会员制市场是一个共享的交易平台，能够更好地体现市场平台的公平性。上海黄金交易所的组建使许多商业机构看到了巨大的商机而积极主张建立公司制的黄金市场，无论是北京市的黄金市场方案，还是华通白银市场的黄金市场方案，都是以商业机构为市场主体的公司制模式。

央行的决策者从保证市场公平原则出发否定了公司制的市场方案。为了保障平台的公平性，提出了另一个思路，即将上海黄金交易所建成一个由央行直管的事业单位，这个方案虽可以保证市场交易的公平性，但不符合改革的大方向，而且在当时精简机构的大环境中，确实是没有可行性的。

央行从要保证市场公平性这个基本要求和客观现实条件出发，最终没有选择多数国际黄金市场的公司制，也没有选择我们特有的事业单位制，而是选择了会员制。上海黄金交易所首批会员108家，主要构成是产金企业、用金企业和商业银行。但这个会员结构主要着眼于黄金交易方式从统收统配向自由交易转变。而随着向黄金金融市场的转变和规模的扩大，会员的结构在调整，数量在增加。到2018年上海黄金交易所已有各类会员260家，其中一般会员157家，特殊会员103家。参与国际板交易的会员有74家，参与主板交易的会员有186家。上海黄金交易所已发展成为一个国际化的黄金交易所，现有10多个国家的近30家商业银行、金融机构、黄金加工商、冶炼企业成为会员，参与主板或国际板的交易。会员制保证了市场的公平性，因而上海黄金交易所到2018年运营的16年中没有发生任何丑闻，并保持了持续增长。2018年上海黄金交易所交易量达6.75万吨（双向），已成为全球第二大场内黄金市场，而从2006年就成为全球交易量最大的场内即期黄金交易市场，这表明会员制使上海黄金交易所具有了坚实的稳定性。

市场模式：场外市场还是场内市场

从市场交易模式看，国际黄金市场有场外做市商模式和场内撮合交易模式之分。这两种模式各有优劣，而两种模式市场平行发展，上海黄金交易所这个后来者选择哪一种市场模式呢？这应从我国实际情况出发。

场外做市商交易模式是以英国伦敦黄金市场为代表的。伦敦黄金市场已有300年的历史，这个市场是由大型商业银行主导的场外无形市场，并在长期的发展过程中经过竞争淘汰，产生了一种特殊的保持市场交易连续性的做市商制度。做市商是在市场中同时报买价和卖价的特殊市场参与者。做市商在场外黄金市场中占有重要的地位，是交易的主导者，也是维护场外市场交易持续性义务的承担者，需要有很强的应对市场风险的能力和很高的市场诚信，因而做市商是成熟市场的产物。场外做市商黄金市场的优点是服务灵活，可提供个性化服务，保密性好，但是它透明度差，所以交易诚信可能是致命的，2013 年国际金价操纵丑闻就是在伦敦场外黄金市场爆发的。

场内撮合交易模式是以美国黄金市场为代表的。美国黄金市场是一个有形的市场，交易标的是标准的期货合约，公开报价撮合成交。优点是交易效率高、费用低，信息公开透明，缺点是不能提供个性化服务，且保密性差。黄金场内市场是 20 世纪 70 年代解除黄金管制的产物，诞生时间晚于场外市场，但两种交易模式在近数十年是平行发展的，难分伯仲。伦敦场外黄金市场交易量在 2008 年以前一直高于场内市场交易量，但 2008 年以后逆转，特别是在英国场外市场受金价操纵丑闻困扰之际，场内市场交易量不仅超过了英国伦敦场外市场，而且差距拉大，场内交易量增长明显地快于场外市场。2017 年全球场内黄金期货交易量达 30.44 万吨，英国伦敦金银市场协会（LBMA）的场外黄金交易结算量仅为 16.07 万吨，这一变化在一定程度上反映了在加强市场监管和电子技术发展的情况下，场内黄金市场更具有制度上的优势。全球场内与场外黄金交易量变化如图 4 - 1 所示。

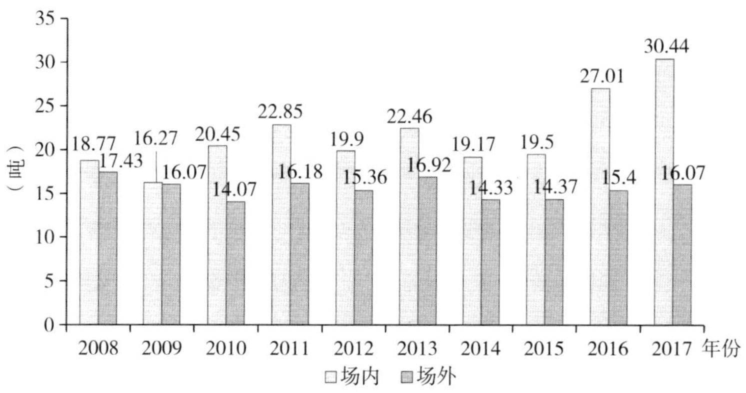

图 4－1 全球场内与场外黄金交易量变化

资料来源：《CPM 黄金年鉴 2018》。

基于黄金市场的金融属性，我国商业银行应是黄金市场运作的关键角色，应是我国黄金市场建设的主力军角色，而在 2000 年我国黄金市场建设启动时，我们的国情是除中国银行外的各商业银行，基本上没有参与过黄金业务，缺少经验，缺少人才，在这种情况下要让我国商业银行承担起黄金市场组建和运行的责任是不现实的。而且当时没有合格的做市商，所以我们选择做市商交易模式将会产生巨大的风险，也会对黄金市场监管提出很高的要求，而这一点，恰恰是央行工作的一个短板，因为市场管理水平要在实践中逐步提高，而当时黄金市场还停留在规划之中，没有成为现实。从多方面进行考虑，我们只能建立一个场内黄金交易市场。这个选择是一个低风险的选择，毕竟场内黄金市场信息透明且易管理，从场内市场起步，可以实现改革的稳定性和提高改革的成功率，这是这个选择的优点，但我国黄金市场化改革的场外市场发展的滞后使民间冒牌“做市商”有了泛起之机，打着做市商旗号出现的形形色色的贵金属交易平台成为我国金融乱象的一个重灾区。

2002 年 10 月上海黄金交易所开业，实现了半个多世纪以来中国黄金市场从零到一的突破，成为一件社会瞩目的大事。当天的《新闻联播》做了报道，本人虽没有到上海现场目睹这一历史时刻，但在北京接受了央视《新闻联播》节目的采访，和大家分享了这一历史时刻。我是 1991 年调入当时的冶金部黄金经济发展研究中心从事黄金经济研究工作的，当时内部已开始了黄金管理体制改革的讨论，这也是我承接研究任务的第一个黄金课题，从此与黄金市场化问题结缘，观察和研究我国黄金市场化改革的发展成为我此后的工作方向。上海黄金交易所开业之日与我 1992 年完成第一篇关于我国黄金市场化改革的研究报告相隔整整 10 年，所以我对黄金市场化改革终于有了结果有些激动，有些感慨，但我并非决策过程的参与者，所以并不了解它的决策过程，今天，上海黄金交易所已经运营 17 年，我们在探讨其发展之因时，才意识到我国黄金市场的顶层设计的关键性。顶层设计决定了我国黄金市场发展的原则和方向，后来人只是沿着顶层设计者确定的方向前行，是在他们已确定的原则下行动。

决策者们的顶层设计使我国黄金市场从孕育之日就被赋予了特有的中国 DNA（脱氧核糖核酸）——从中国的实际出发走自己的路。我国黄金市场没有照搬所谓的市场经济教科书中的教条，也没有生搬硬套国际黄金市场的现有模式，而是从我国当时的国情着手，借鉴国际已有的经验选择适合国情的黄金市场的发展路径和模式，使我们的劣势变为了优势，因为我们可以在前人经验的基础上前行，而不必重复性试错，这是我国黄金市场发展的决定性要件。我们应充分肯定推动中国黄金市场发展的决策者们顶层设计的价值，他们是塑造中国黄金市场DNA 的人，他们的贡献不应因岁月的流逝和工作岗位的变动而被遗忘。

黄金市场成长期的顶层设计

2010 年，央行、发展改革委、工业和信息化部等 6 部委联合下发了《关于促进黄金市场发展的若干意见》（以下简称《意见》），此时上海黄金交易所已运营了 8 年，商业银行柜台黄金市场已运营了 6 年，上海黄金期货合约已在上海期货交易所上市 2 年；我国黄金市场的交易规模已由 2002 年的 42.49 吨增长到 1.4 万吨，增长近 330 倍；从商品市场向金融市场转型的任务已完成，T + D递延合约与黄金期货合约交易量占总交易量的80% 以上。《意见》发布之前的 2008 年，国务院曾对《黄金市场管理条例（草案)》做过讨论，但因其不成熟而被搁浅，因而《意见》应是推进《黄金市场管理条例》出台的一个替代方案。

《意见》分 6 个部分，涉及市场管理、产品创新及对外开放等诸多方面。央行的顶层设计对中国黄金市场政策法规的出台产生了深远的影响。《意见》对这些影响进行了总结，并对未来的发展做出了指示。

建立一个多元的市场体系

《意见》确立了我国黄金市场是一个由多市场组成的市场体系，不只是一个专业的实金交易市场，它指出："统购统配政策取消后，我国黄金市场发展迅速，初步形成了上海黄金交易所黄金业务、商业银行黄金业务和上海期货交易所黄金期货业务共同发展的格局，形成了与黄金产业协同发展的良好局面。"这是对我国黄金市场8年发展现实的总结与认可，也奠定了多元化市场的法律基础，因为《意见》明确了我国黄金市场不是单一市场，而是多个市场组成的市场体系，这个定位将我国黄金市场与主流传统国际黄金市场进行了区别，因为国际上的大多数国家都是单一市场，这一差异性也表明了我国黄金市场发展道路是自己的选择。

《意见》对这个多元市场体系中各市场的功能定位做了明确："上海期货交易所要充分利用期货市场价格发现与管理风险的功能，不断加强市场基础性建设，稳步推进我国黄金风险管理市场健康发展，要围绕着市场功能发挥，不断完善黄金期货合约与业务规则，做深做细黄金期货，提升服务国民经济发展的能力。"而商业银行黄金业务功能的定位是："商业银行要围绕黄金开采、生产加工和销售等整个产业链条，切实创新金融产品，着力改善金融服务，努力提高服务成效，向黄金产业提供多方位的金融服务。”

《意见》明确了这个市场体系中黄金期货市场的市场功能是风险管理，商业银行黄金市场的市场功能是为黄金产业发展提供金融服务，而上海黄金交易所这个成立最早、最基础的市场的功能定位却成悬念，为此，《意见》要求“上海黄金交易所要尽快明确未来发展方向和市场定位”。上海黄金交易所的功能定位在经历了 8 年发展之后竟成悬念，原因何在？人民银行对上海黄金交易所诞生前的顶层设计定位是一个黄金商品市场，功能定位是明确的，根据这个功能定位确定了其以实金交易者为主体的会员结构。之后上海黄金交易所要向金融市场转变的这一目标在 2008 年已经基本完成，但是这个转型任务的完成并没有解决上海黄金交易所的功能定位问题，因为在我国黄金市场体系中有多个黄金市场，黄金金融属性是交易所的共性，而不是上海黄金交易所的特性，那么这个未来发展方向和市场定位成疑的上海黄金交易所将如何发展呢？这可能会成为一个问题，而更让人疑惑的是这样一个重要的悬念竟在之后化为乌有，很少再讨论，成为一个没有结论的结论。上海黄金交易所社会功能定位遭遇困难的原因是它的发展并没有走传统的路，而难以用单一专业功能定位。上海黄金交易所已发展为多元交易方式的平台（竞价、询价、定价），多时空交易（即期、即期递延、远期）、多金属交易（金、银、钯）、多标交易（金锭、金币、黄金衍生品）的黄金市场，因而不能按传统功能定位来界定上海黄金交易所。上海黄金交易所这种特殊的多功能发展有自身的努力，在黄金即期交易基础上上演了一场创新发展的大戏，而这场发展大戏的脚本来源于央行的顶层设计。

发展市场经济一定要反对垄断，因为垄断牺牲了公平，违背了市场经济的基本原则，而打破垄断的方法是提倡竞争，但无序竞争造成的社会资源的浪费比比皆是，这也是要避免的。我国黄金市场不是一元结构而是多元结构，而多元结构本身就是一个竞争的结构，但因每个市场有不同的功能定位，这种功能差异化又为多元化市场协同共赢提供了可能，所以《意见》要求加大沟通协调力度，建立上海黄金交易所和上海期货交易所合作协调机制。我国黄金市场快速发展就是协调发展的结果，因而多元市场结构开辟了黄金市场发展的一种新模式，这是我国黄金市场的特征之一。

推进场外做市商制度改革

做市商制度是实现场外市场交易连续性的一项制度创新，这种面对面的交易具有灵活性和保密性的特点，但交易信息不透明是其弊端。2013 年以做市商制度为特征的伦敦黄金市场金价操纵丑闻的发生，表明这一市场制度存在缺陷，因而他们开始对已持续百年的做市商制度进行改革，而实际在丑闻爆出之前我们已提出了中国方案，这就是《意见》中提出的让上海黄金交易所引入做市商制度，开始我们的场外做市商入市改革，正是这个顶层设计，拉开了上海黄金交易所社会功能多元化的改革大幕。2014 年上海黄金交易所和上海外汇交易所合作推出了银行间黄金询价市场，建立了一个中国式的做市商制度，这在做市商交易信息透明化方面大大地前进了一步，并将此平台延伸而实现了黄金市场与货币市场、外汇市场、证券市场、债券市场的联通。在改革 5 年后，它就成为上海黄金交易所 3 种交易方式中增长最快的交易方式，询价平台已成为上海黄金交易所的交易主力。2018 年上海黄金交易所做市商询价交易量达到 4.56 万吨，为当年上海黄金交易所总交易量的 67.56%，这表明这一市场创新为上海黄金交易所的发展带来了巨大推动力。

做市商制度是 20 世纪初出现的一个重要的市场制度，做市商制度的发展使伦敦黄金市场成为全球的中心市场，但近年来发展受挫而开始改革。让场外做市商进入场内交易是我们对这个传统市场制度改革提出的中国方案，它的成功不仅对我国黄金市场，还对国际黄金市场做市商改革有很强的指标意义。

突出监管，保护投资者利益

《意见》把加大黄金市场监管力度作为了一个优先政策目标，而且各相关部门都以认真履行对黄金市场的监管义务、防范市场风险作为第一要务。2008 年美国金融危机爆发，人类反思后的行为之一是各国政府都普遍加强对金融市场的监管，把防范风险作为第一要务。我们在这一大势中并非另类，但我国把开放作为发展动力，却并不是人人能够理解，加强市场监管与扩大开放如何平衡是一个不小的问题。我国黄金市场发展的实践表明，开放不是放任自流，开放也需要监管，要实现有序开放，只有保持市场环境的健康，才能实现市场持续发展和对投资者利益最大的保护。为此，央行始终选择了风控优先的行为原则，在风险可控的前提下开放创新，风控能力与市场发展同步，这就是我国黄金市场发展的一条重要经验。在监管强化的大环境中，我国黄金市场发展是一个渐进开放的过程，实现了持续发展和有效创新的结合，在大量不规范交易平台退市的同时，主流规范的市场得到了更大的成长空间。

黄金市场巩固期的顶层设计

《意见》出台 8 年之后的 2018 年，央行又颁布了 3 个政策性文件:《关于黄全资产管理业务有关事项的通知》《黄金积存业务管理暂行办法》《金融机构互联网黄金业务管理暂行办法》。2018 年是我国黄金市场发展走过的第 17 个年头，这一年我国黄金市场交易量已是第三年超过 10 万吨，伦敦、纽约、上海三足鼎立的世界黄金市场新格局已经形成，此时我国黄金市场发展的顶层设计是要解决如何实现更大发展和规避发展的风险，特别是要防止由局部风险导致的全局风险。所以防范风险，是这次顶层设计的主题与宗旨。

当我国黄金市场规模扩大到世界规模级后，社会影响力也大幅扩大，发生在黄金市场中的风险也会扩散到其他层面，黄金市场具有了风险倍增效能，出问题就是大问题，因而这 3 个文件的着眼点是黄金市场风险，集中解决的是两个方面的风险。

一是如何防止黄金市场风险向货币市场扩散而导致整个金融市场风险。黄金是一种准货币，黄金与货币的互换性很强，尤其在黄金虚拟交易过程中资金流动性极强，而黄金又是一种商品，所以有人就利用黄金的这一特性，举商品黄金交易之帜，行货币交易之实，从而规避金融监管以求不当之利，这种打金融违纪擦边球的投机行为往往蕴含着极大的不确定风险，一旦发生，表面是发生在黄金市场的风险，却很快会波及货币市场，严重时会导致金融危机的发生。而这种风险的发生并非一种想象，现实中已经发生，特别是一些贵金属交易平台常常发生诈骗丑闻和卷款跑路事件，涉及金额达数十亿元，甚至上百亿元。

二是新技术风起云涌，出现了许多信息交流的新手段、新工具、新路径，因而在提高交易信息流通的效率，改变信息流通的方式的同时，对金融监管提出了新要求。信息管理是金融管理的核心，金融监管是通过对信息的监管来实现的，但监管手段和工具的进步与新技术的使用不同步而形成了监管空白区。另外，一些新技术就是以金融监管的替代品的角色面世的，故新技术的使用成为规避金融监管的理由。其实技术只是人类使用的工具，新技术则是人类创造的一种新工具，而新工具也可能成为金融风险爆发的潜在源。以去中心化的比特币为代表的数字货币领域出现了诈骗丑闻，这促使央行对其关上了大门，发出了禁令。2018 年 12 月，央行表示：“互联网金融和金融科技并未改变金融风险属性，其与网络、科技相伴相生的技术、数据、信息安全等风险反而更为突出。从这个意义上讲，互联网金融或金融科技应接受更严格的监管。”这3个文件正是在这样的大背景中出台的。

央行如何防范这两个风险？我对3个文件的解读是：清楚金融黄金的边界，明确互联网技术工具定位，施行金融监管全覆盖。

黄金资产管理和黄金积存业务界定是金融机构的业务，由央行监管。央行对具体产品的监管路径和形式并非一刀切，而是针对具体情况进行有差异性的监管。

可开展的黄金资产管理业务为金融机构将受托的投资者财产投资于实物黄金或黄金产品（相对而言是纸黄金）。产品设立要向央行备案，上海黄金交易所要对黄金资产设立黄金独立账号进行专户管理，每月15日向央行报送黄金资产管理产品持有实物黄金的情况，并定期发布。

积存金业务仅限有银行存款类业务的金融机构按照与客户的约定，为客户开立黄金账户，记录客户在一定时期内存入一定重量黄金的负债类业务。对积存金业务的监管是将该业务纳入资产负债表管理。央行对该业务进行监督管理，基本上是将积存金业务视为人民币存款业务管理。

互联网技术改变了中国人的生活，并出现了互联网黄金这一商业形态，即互联网企业使用网络工具开展黄金寄存借贷业务。互联网黄金业务是以互联网技术为手段，从民间吸纳黄金再借出。而央行将互联网技术与黄金业务做了切割，《黄金积存业务管理暂行办法》规定：金融机构互联网黄金业务，是金融机构通过自己的官方网站、移动终端销售或由互联网机构代理销售其开发的黄金产品的活动。在该项业务中由金融机构提供黄金账户服务，而互联网机构不得提供任何形式的客户账户服务，从此喧嚣一时的互联网黄金企业走到了终点，因为网上黄金买卖业务限于金融机构方开展，而互联网黄金企业只能做金融互联网黄金企业产品的业务代理。

2018 年 3 个文件的出台是央行防患于未然，因为金融市场的稳定是大局，黄金市场的发展也一定要在稳定的前提下进行。当今金融风险屡屡爆发，尤其 2008 年美元危机爆发以后，国际货币体系所暴露的弊端更让人类认识到，在一个结构并非合理的市场体系中，顶层设计变得更具有现实的紧迫性。这一影响使“有形之手”的作用得到了更大的认可，所以央行对于通过顶层设计干预黄金市场基本上是正面评价，并认为这是中国黄金市场发展的必由之路。

顶层设计剔除有缺陷的 DNA

我国黄金市场的发展在外人看来是顺风顺水，或恰逢其时，因黄金管制解除之日恰是中国加入 WTO（世界贸易组织），全面融入世界经济之时，但人们忽视了一个重要原因，即我国黄金市场在诞生之前相关人员将有缺陷的 DNA 在顶层设计中进行了剔除，并且在黄金市场发展的进程中保持高度警惕，及时剔除新发现的有缺陷的DNA。因为剔除了有缺陷的DNA，我国黄金市场诞生后才能一路高歌，基本上没有出现大的反复与波动，这与我国的股票市场、期货市场的发展形成了鲜明的对照，这些市场的发展就先后遇到了挫折，经过反复试错才逐步走上了健康之路。顶层设计为我国黄金市场剔除了哪些有缺陷的DNA呢？

扬弃了一般商品论，认可特殊商品论

我国黄金市场化是在黄金商品属性回归思潮中推进的，所以将黄金市场化等同于黄金商品化，主张完全放开市场，通过竞争建立一个一般性商品的黄金市场，是有很大市场空间的，也是我国黄金市场筹建初期一个主导性思潮。但最终顶层设计者们扬弃了一般商品论而确立了以特殊商品论为导向，保留央行对黄金市场建设的领导权与指导权，决定在上海外汇交易所平台推进上海黄金交易所的建设，从而保证了交易平台的公正性，这为上海黄金交易所植入了金融的DNA，成为上海黄金交易所成功的要件，也为上海黄金交易所从商品属性市场向金融市场顺利转型打下了基础。

扬弃了场外市场，确定建立场内市场

伦敦黄金市场历史最为悠久，影响最为深远，是我国黄金市场建设主要的参考对象，而伦敦黄金市场是一个以做市商为中心的场外市场，做市商是一个买卖双向报价的特殊市场参与者，但可承担这一特殊市场功能的做市商不是自封的，而是在长期市场竞争中产生的。而我国的现实是没有合格的做市商，也就没有建立场外黄金市场的基本条件，若在市场竞争中产生做市商则会有众多的不确定性，所以场外市场被扬弃，首先确定建立的是场内交易市场，通过场内市场带动场外市场的发展，走一条与传统不同的发展之路，避免可能出现的无序竞争造成混乱，实现平稳发展。

扬弃了自由竞争，选择有序竞争

与对市场的崇拜一样，我们对竞争也无限崇拜，并将竞争视为激活市场的活力和解决市场缺陷的灵丹妙药，实际上无序竞争已制造了浪费资源等众多的社会问题，所以如何避免无序竞争，实现有序竞争是顶层设计的重要内容。央行建立黄金市场，扬弃了场外市场，选择了场内市场，但并没有扬弃做市商制度，而我国做市商的成长路径选择并不相同：扬弃自由竞争，积极寻找有序竞争之路，是将场外市场的做市商制度引入场内市场，让做市商在一个信息相对透明和可监管的环境中成长，而对场外做市商市场采取抑制性政策，高度警惕场外做市商市场可能出现的非法活动并予以打击。即使在各种名目的对这一政策的挑战下，我国黄金市场也坚持这一政策底线，虽然场外黄金交易平台危机频频，但黄金主流市场仍保持着快速而稳定的发展。

扬弃了公司制，保证交易平台的公平

黄金管制的解除使社会看到了巨大商机，他们在黄金市场建设上纷纷抢夺话语权，提出各种方案，理由不同，但都是要组建一个以营利为目的的公司制交易平台。交易需要公平，所以既当裁判，又当运动员的公司制最大的危险是可能使未来的黄金市场失去交易的公平性。为了保证交易的公平性，排除干扰，黄金市场的顶层设计扬弃了公司制而采用了会员制，从制度上保证了市场参与者在一个平等的交易环境中公平交易，确立了我国黄金市场健康发展的基础。

扬弃发展优先思维，建立风控第一思维

人类对市场风险的认识是随着市场风险的积累而逐渐深化的，20 世纪 80 年代沉浸在市场自由化，支持金融创新的人们并没有把风险控制放在首位，在饱受市场风险威胁的今天，很多人才终于有了发展要在风险可控的前提下实现的认知。进入新世纪，人类日益开始将风控置于发展之前，这并不是说有风险就不发展，而是说要发展就必须同时提高风险控制能力，没有风险控制的发展只能是偶然的侥幸成功。社会上曾出现过以

冒险为荣的冒险家，但发展不能建立在侥幸的基础上，所谓高风险高收益的思维不是发展正道，所以，新世纪我们已把经济发展的风险控制放在了日益重要的位置。

2007 年美国次贷危机引发的全球经济危机，使全球经济发展进入了一个动荡期，发展的机遇与风险并存，因而我们需要建立风控第一思维，明确有效风控是发展的前提。我国黄金市场顶层设计的着重点是进行风险控制，及时剔除风险隐患，基本上遵循发展场内市场，适度发展场外市场，打击非法市场的工作思路，所以我们能在场外市场风险频发的情况下保持市场大局的稳定，保持发展势头的不变。

第五章 一个后来者的追赶与超越

由于顶层设计剔除了有缺陷的基因，所以我国黄金市场起步虽晚，走的却是一条具有中国特色之路，即我国黄金市场的发展不是传统教科书上所讲的通过竞争不断纠错，而是在学习前人经验的基础上，在“有形之手”顶层设计指引下追赶与超越。

上海黄金交易所经过大约两年的筹备，经历了初步方案审批、筹备班子组成、试运营等 3 个阶段，于 2002 年 10 月 30 日开业，这标志着中国黄金市场实现了从零到一的突破。在实现突破之后，我国黄金市场又实现了从一到多的发展，只用了 6 年的时间便建成了一个多元市场组成的黄金市场体系，我国黄金市场的发展进入了一个历史新阶段。

多元市场的黄金市场体系的形成及意义已超出了黄金市场的本身，黄金交易市场体系诞生的更大意义是使我国金融体系缺失半个多世纪的重要一环得以弥补，至此我国金融体系才得以完整，功能才得以完善，从而提高了我国金融市场的稳定性。另外，我国有顶层设计的黄金市场的发展之路，为人类认识市场发展提供了不同的视角，这可能是我国黄金市场发展的另一个更大价值。

一个货真价实的后来者

黄金市场是古老的，但也是年轻的，说其古老是因为黄金市场是现代金融市场发展的源头，其存在远远早于现代金融市场的核心市场——货币市场；说其年轻是因为第二次世界大战爆发，各国纷纷实行黄金管制，黄金的流通受阻，黄金市场功能严重萎缩。美国是黄金管制最为严厉的国家，美国总统罗斯福在 1933 年发布黄金禁令，不仅将民众的家庭存金全部征收到国库，而且禁止民间黄金交易，要求所有黄金都必须交售给财政部，违者将判 10 年监禁或处 25 万美元罚金，为此还动用军队、警察和安全部门。世界大战爆发后，除少数国家外，多数国家都实行了黄金管制，所以黄金成为国家垄断占有的特殊资产，而我国黄金管制延续到新世纪初。在黄金管制的条件下，黄金的流通交易也变为了各国央行之间进行的业务，在黄金管制的条件下市场交易成了民众的禁区。1954 年伦敦黄金市场恢复营业，它是各国央行间的市场。一直到 20 世纪 70 年代，因黄金非货币化的推进，各国才陆续放开管制，20 世纪 70 年代中后期出现了一个黄金市场的发展高潮期，距今不足 50 年，因而我们又可以说黄金市场是很年轻的，但即使在如此年轻的众多黄金市场中，中国黄金市场也属于一个姗姗来迟者。

虽然在近代，我国黄金市场的起步并不算晚，1905 年上海就诞生了我国第一个黄金交易所——金业公所，并且在 20 世纪 20 年代后期黄金交易量曾达到近两万吨，它是仅次于伦敦和纽约的世界第三大黄金市场，但之后黄金市场的发展进程中断。而 1949 年以后，特殊的国际形势又使我们错过了 20 世纪 70 年代国际黄金市场发展的黄金期。那时计划经济和西方经济封锁造成我国外汇极度短缺，黄金成为一种稀缺的外汇而被管制，直到 20 世纪 90 年代中期，我国外汇短缺矛盾才有所缓解，到新世纪我国成为全球最大的外汇储备国后，外汇短缺矛盾才基本解决。这时我国放开黄金管制，建立自由交易的黄金市场才有了条件，所以从 2002 年至 2018 年我国黄金市场的历史仅有 16 年，而与国际上的主要黄金市场的历史比较，我国黄金市场的确是一个实实在在的后来者。

当代黄金市场体系中的英国伦敦黄金市场历史最为悠久，有 300 年历史，但 1939 年因第二次世界大战爆发而关闭，直到 1954 年才重新开业，即使从 1954 年算起，也有 65 年的历史，比上海黄金交易所的诞生早了 48 年。

当今美国纽约黄金市场是与英国伦敦黄金市场并驾齐驱的国际黄金市场体系中的骨干市场，诞生于 1975 年，至今有 44 年的历史，早上海黄金交易所 27 年。

日本是亚洲的一个区域性黄金市场，东京黄金交易所成立于 1981 年，至今有 38 年的历史，早上海黄金交易所 21 年。

瑞士黄金市场是当今全球黄金物流中心，这是以瑞士三大国际银行为主体的无形市场，它是在伦敦黄金市场 1968 年暂时关闭时形成的一个国际黄金物流中心，有 51 年的历史，因而早上海黄金交易所 34 年。

土耳其伊斯坦布尔黄金市场是一个新兴市场，成立于 1995 年，早上海黄金交易所 7 年。当然，也有晚于上海黄金市场的新兴市场，如印度多种商品交易所成立于 2003 年，迪拜黄金与商品交易所成立于 2005 年，但基本属同一时期诞生的市场。

当 2002 年我国黄金市场从无到有，实现从零到一的突破之时，国际黄金市场体系的格局已形成。对于国际黄金市场而言，我们这个后来者只是一个新兵，我们并没有过高的期望，也没有引起国际上大的反应。在一个缺乏黄金文化底蕴的国度中诞生的黄金市场并没有发展的天然优势。我国黄金市场诞生时，作为即期场外交易的伦敦黄金市场和作为远期场内交易的纽约黄金市场，已是急速前行，两个市场曾占全球近九成的交易量，形成了无人能比的吸金力，为此，全球各大国际银行纷纷在纽约和伦敦开设分支机构，参与这两个市场的交易。虽然 20 世纪 70 年代各洲有黄金市场出现，但无一能望其项背，即使已经营多年的黄金市场在这两个市场面前也属小字辈，多数市场规模不及它们的 1/10，但中国黄金市场只有短短 17 年的发展历史，却出乎意料地改变了人们的预期，不仅实现了我国历史上的突破，甚至改变了国际黄金市场的格局，中国黄金市场作为一个后来者的表现确实让人眼前一亮。

我国黄金市场正在改写历史

中国黄金市场这个姗姗来迟者，并不具有发展的历史优势，最大的优势是作为后来者可以吸取前人的经验，而不必重复前人试错的过程。我国黄金市场通过顶层设计获得了良好的基因，所以在起步时就拥有了正确的发展方向和发展路径。今天金融市场与传统金融市场已有很大的发展变化，黄金市场的发展也需要再思考，再出发。因为现在黄金市场面临新的发展课题，人类黄金非货币化到再货币化的转变，需要我们对黄金市场的社会功能做新的定位，所以学习固然重要，但根据实际情况做出调整更为重要。

伦敦黄金市场恢复运营是维护以美元为中心的国际货币体系稳定的需要，市场交易功能异化，市场主导流动性的是美元，而不是黄金，为美元的有用性背书是其运行的核心特征，然而在美元衰微、多元货币兴起的现在已不合时宜。而且国际黄金市场的发展在 20 世纪 70 年代中后期，80 年代是金融监管放松，提倡金融创新，支持虚拟经济发展的大环境，黄金市场不可避免地打上了那个时代的印记。但现在我们处于因控制风险而要加强监管的时代，对于我们这个后来者来说，学习是借鉴，不是照搬，追赶是超越而不是沿着老路亦步亦趋。我们不是简单重复前人走过的路，而是汲取前人的经验，站在前人的肩膀上攀登，并在当今国际黄金市场发展中打上中国的印迹。

中国因素将要或已经改写国际黄金市场格局

在中国因素出现以前，国际黄金市场体系是一个二元结构，也就是以伦敦黄金市场为代表的即期黄金场外交易市场与纽约黄金市场为代表的远期黄金场内交易市场平行发展的格局，这两个市场功能有别，规模相当。二元市场结构是由一元市场结构发展而来的，而其他的黄金市场皆为区域性市场。

一元市场的社会功能与演进

黄金市场诞生于18世纪的欧洲，但欧洲黄金交易中心曾是荷兰阿姆斯特丹，而随着19世纪工业革命在英国的完成，英国伦敦成为全球最大的国际性黄金市场。它发展的时代背景是英国居于当时国际金本位制的中心地位，因而英国伦敦黄金市场也一定是国际金融中心市场，当时使用的金币，具有自由铸造、自由支付、自由进出口的三大特征，所以伦敦黄金市场是全球黄金交易与物流中心。1939年，它因第二次世界大战爆发而关闭。1954年得以恢复营业的经济背景是战后建立的美元金汇兑本位制，伦敦黄金市场恢复营业时的社会功能是通过黄金市场供求平衡稳定美元汇兑制，进而实现国际货币体系的稳定，所以伦敦黄金市场交易标的是标准金锭，它仍然是一个黄金即期交割市场。伦敦黄金市场本质上是全球黄金物流中心和美元价值调整的平衡器，是当时国际货币体系实现稳定的基本工具，英格兰银行是市场参与者。但是1968年伦敦黄金市场受到黄金挤兑潮的冲击，在美国的要求下关闭了15天。而在伦敦黄金市场停业期间，当时两个最大的黄金生产国南非和苏联[①]已将黄金交易转向了瑞士市场，因而伦敦失去了全球的黄金物流中心的地位，同时美元与伦敦黄金市场脱钩，稳定的美元汇率不再表明黄金供求平衡而变为各国央行间的黄金固定官价。伦敦黄金市场怎么办？在这种情况下，伦敦黄金市场推出了“伦敦金”，“伦敦金”不是实物黄金，而是一种纸质化的黄金凭证，这种黄金凭证交易免去了实金交割的过程，使黄金交易成为一种便捷的投资方式，吸引了许多国际性商业银行积极参与，“伦敦金”交易量很快超过了实物黄金交易量，伦敦黄金市场也不再是世界黄金物流中心而转型为全球黄金投资中心。伦敦黄金市场的流动性表现由货币流替代黄金物流，所以伦敦仍然是全球黄金价格形成中心，“伦敦金”价仍是全球黄金交易的指导价和基础价，伦敦黄金市场保持了国际黄金市场体系中核心市场的地位。伦敦黄金市场的转型意味着国际黄金市场出现了一种新型市场——纸黄金交易市场，也就出现了黄金实物交易与黄金凭证交易市场平行发展的二元市场结构，前者以瑞士黄金市场为代表，后者以伦敦黄金市场为代表，这两个市场都

① 当时苏联对黄金产量保密，不能准确排名。

是即期交易市场，变化的只是交易标的形态，没有改变的是市场交易的性质，所以它们仍是一元的黄金即期交易市场。黄金市场发生质的变化是美国黄金期货市场的出现，但从一元市场结构变为二元市场结构是一个渐进的过程。

新兴的二元市场结构

伦敦黄金市场的转型促进了即期黄金交易虚拟化的发展，即期黄金交易长期保持着全球黄金交易量冠军的地位。1997—2017 年伦敦黄金市场占全球总交易的份额为年均 54.09%，年均交易量达 17.04 万吨。1997 年占比高达 87.63%，年均交易量为 28.97 吨，而这一年全球黄金期货、期权交易量仅为 3.81 万吨，伦敦场外黄金市场交易规模是当时美国的场内黄金市场交易量的 4.47 倍。这就是即期黄金交易市场的二元结构，而到 2008 年纽约黄金市场的交易量才超过了伦敦黄金市场的交易量。

纽约黄金市场虽与伦敦黄金市场相比，是一个后来者，是美国解除黄金管制的产物，但近年来交易规模已超过伦敦黄金市场，成为全球第一大黄金市场。伦敦黄金市场是在金本位和金汇兑本位环境中发展的，而美国黄金市场的发展环境是黄金非货币化，所以它并没有重复伦敦黄金市场的故事，而走上了一条服务于美国国家战略，有美国特色的发展之路，这是美国黄金市场发展的基本特征。所以国际黄金市场的二元结构打上了深刻的美国战略的烙印和影响，然而这个美国战略却长期被掩饰。美国黄金市场发展之路给我们的启示是我国黄金市场发展之路的选择也一定要有国家战略观，这是必须要重视的问题。

1954 年伦敦黄金市场重新开业是美元金汇兑本位时期，黄金虽已经不是支付货币，却是货币稳定的基础，美元与黄金以固定兑换率挂钩，所以伦敦黄金市场的主要职责是通过黄金市场的供求平衡实现美元的价值稳定，进而实现国际货币体系的稳定。伦敦黄金市场是一个实金交易平台，但 1975 年美国黄金市场诞生时，美元已与黄金脱钩，所以美国没有建立与伦敦一样的即期实金市场而是走自己的路，建立了一个新兴的黄金期货合约市场。

黄金期货合约与"伦敦金"一样，是一种黄金凭证，是一种纸黄金，是一种黄金衍生品而非真正的黄金，不同的是"伦敦金"是以即期价格交易的纸黄金，而黄金期货合约是以远期价格交易的纸黄金。1971 年美元与黄金脱钩，但美元仍是国际中心货币，要维持中心货币的权威性即有用性是至关重要的，因为广泛的有用性是权威性的表现形式和落脚点，所以美元价值的稳定不再是美国的追求，而美元的有用性成了美国的追求。

美元的有用性从何而来呢？石油作为当今一种重要的消耗性能源商品，已经成为一些国家民众的生活必需品和国家的战略性资源，使用美元做结算支付的工具，不仅极大地增加了美元的使用量，还增加了美元的有用性，所以美元石油结算权成为美国打压竞争对手的工具。但美元成为全球石油交易的结算货币只是扩大美元有用性的重要一步，而不是全部，美国扩大美元有用性的努力是全方位的，其中通过发展以美元定价的黄金市场已蜕变成扩大美元有用性的手段。

美国在 1971 年宣布美元与黄金脱钩以后，国际货币基金组织（IMF）也开始推进黄金非货币化，黄金不再是美元直接的发行基础，因而美元获得了自由的发行权，这成为美元滥发之源，但美元的价值支撑还需要黄金，所以美国并没有抛弃黄金，而是给美元买了一份黄金保险，以应对美元可能会出现的崩盘，美国仍然保留 8 134 吨黄金储备。不仅美国，现在世界很多国家都为国家货币购买了黄金保险，多数国家都有黄金储备，但美国的黄金储备数量最大，它是我国 2018 年黄金储备 1 853 吨的 4. 39 倍，为现在全球官方总储备 3. 4 万吨的 23. 9% 。各国纷纷增加黄金储备，并在黄金年增储量创历史最高的情况下，美国还拥有全球官方储备总量近 1/4 的实物黄金，以作为美元发生特别情况的备用金。美国对黄金市场更大的战略目的是推进交易的虚拟化，使当代黄金市场功能发生异化，交易产生的主导流动性是美元而不是黄金，黄金交易平台成为增加美元有用性的工具。

在金融创新的旗帜下，黄金市场交易虚拟化持续发展，到今天国际黄金市场 99% 以上的交易都已不是黄金交易，只有不到 1% 是黄金交易。而国际黄金交易与石油交易一样，以美元定价，以美元做交易结算工具，因而黄金市场 99% 以上的交易已是以美元定价的黄金衍生品交易，黄金市场成为实质上的美元交易市场，国际金价随美元价值的调整而变化。而黄金期货合约是具有最大流动性的黄金衍生品，可以形成大规模使用美元的市场，所以大力发展黄金期货市场符合美国国家战略的需要，美国虽然是全球主要黄金生产国，但没有成规模的实金交易市场，其实金交易主要是利用国际黄金市场完成的。所以我们如果从国际政治的角度看美国黄金市场，它也是有顶层设计的。

2017 年，全球黄金的总交易量为 46.9 万吨，黄金期货交易量占比为 64.9%。美国纽约商品交易所是黄金期货市场的代表，不仅成立的时间最早，而且规模最大。2017 年其市场交易量为全球黄金期货总交易量的近八成（77.07%），占全球黄金总交易量的 50.02%，是当今最大的黄金市场。一开始，黄金远期合约交易量并不大，在即期市场与远期市场的二元结构中，即期交易占主导地位，直到 2006 年远期交易量才达到 10 万吨规模，达到了与即期黄金交易市场的相当规模，到 2008 年以 18.7 吨超过了即期交易量的 17.43 吨，并且不断拉大差距。因而国际二元市场格局的形成仅有 41 年的时间，并不长。

首先，国际黄金市场形成二元结构符合美国国家战略的需要，而从黄金市场的客观发展要求看，黄金远期市场体现了金本位制转变为黄金非货币化对黄金市场功能扩展的要求，不仅是完成黄金交割的要求，也是规避价格风险的要求，所以发展黄金远期合约市场是满足这个要求的。而市场风险主要又是美元价值变化不确定性造成的，在美元脱离了黄金的束缚以后从稳定变为波动，黄金远期合约交易可为美元规避不确定风险提供一个工具，但黄金期货市场的这一功能是逐步被认识的，而且并不是立即被接受，在很长的时间里场内远期黄金市场只是一个辅助性市场。加拿大、英国的黄金期货市场都夭折了，而纽约商品交易所这个成功者第一年的交易量也仅有 1 223.84 吨，还不及上海期货交易所黄金期货合约上线第一年交易量的 1/3。但纽约商品期货交易所是近期黄金期货交易增长量最快的市场，2016 年首次以 18.57 万吨，实现了对 16.56 万吨伦敦黄金市场交易量的超越，2017 年又实现了自我超越，创造了市场发展的历史，黄金期货交易量达到了 23.46 万吨。这是纽约黄金期货市场自 20 世纪 70 年代诞生，经过 40 多年发展的结果。二元市场结构的出现有其政治与经济的背景，现在中国黄金市场这个后来者，因被寄予了改变二元国际黄金市场格局的希望，而被世人关注。

市场三元结构中的中国因素

人类黄金市场从一元实金即期场外交易市场，发展到即期场外黄金交易市场与远期合约场内黄金交易市场平行发展的二元市场，中国黄金市场因素加入后，又出现了二元市场格局向三足鼎立的市场格局发展的趋势。

2002 年才诞生的中国黄金市场，在发展初期只是国际黄金市场的一个边缘性存在，是一个默默无闻的跟随者，但经过 14 年的发展，2016 年就把交易量大幅提升了 2 000 倍，市场双边交易量超过 10 万吨，达到了 12.59 万吨，单边交易量 6.29 万吨。从市场交易规模看，它是仅次于伦敦和纽约的全球第三大黄金市场，我国黄金市场在 2016 年双边交易量达 12.59 万吨以后，2017 年为 10.15 万吨，下降了 19.38%。2018 年上海黄金交易所的黄金交易量为 6.75 万吨，上海期货交易所的黄金期货交易量达 3.22 万吨，商业银行柜台黄金交易量达到 0.8 万 ~ 1 万吨，所以总交易量可达 11 万吨左右。我国黄金市场交易量已连续 3 年双向交易量超 10 万吨，这意味着我国黄金市场交易量虽不会是一个恒定值，但已稳定在单边 5 万吨级。而这一年亚洲其他主要黄金交易所交易量是：土耳其黄金市场交易量 1.08 万吨、日本 0.65 万吨、印度 0.51 万吨、迪拜 0.03 万吨。我国黄金市场交易规模是亚洲多个黄金市场交易规模总和的 2.2 倍，可以说我国黄金市场是亚洲黄金市场的翘楚。

在黄金虚拟交易主导的国际黄金市场中实金交易量更具有真实性，是黄金财富流向的真实反映，是真实的黄金需求而不是服务于美元有用性的需求。我国黄金市场发展具有强大的黄金产业基础，这是伦敦和纽约黄金市场所不具备的。凭借黄金产业的支撑，我国实金交易量从 2013 年开始就超过 2 000 吨，成为世界第一，并保持到今天。我国黄金实际需求已占全球总需求的 40% 以上，且有提升的潜力，我国建成全球黄金物流中心是一个大概率事件，且我国黄金市场已是黄金需求量、黄金生产量、黄金加工量、黄金进口量4项全球冠军，在国际实物黄金交易市场中独占鳌头，成为国际黄金市场体系中的独特一极。

原来日本是亚洲的黄金中心市场、投资交易中心，但是日本的这一角色定位已开始发生变化。上海黄金交易所交易的第一年，仅有百吨级交易规模，而当年东京商品交易所黄金期货交易量已达到2.66万吨，但到2017年仅为0.65万吨，下降了75.56%。实金需求也由2003年的258吨下降到了2017年的99.1吨，下降了61.59%，而与之形成对比的是，我国黄金市场交易量在此期间却增长了214.7倍，由235.5吨增长到5.08万吨，我国黄金市场交易规模已是日本的7.82倍。我国实金需求在2017年达1 507吨，是日本需求量的15.2倍，因而我国已取代日本成为亚洲的黄金中心市场和投资中心。

我国黄金市场在国际上的影响力的第一个表现是由边缘市场升级为亚洲中心市场，虽然现在我国黄金市场规模与世界级（单向10万吨级）还有距离，但我国黄金市场发展前景乐观，有达到10万吨级的潜力，是目前唯一能挑战国际黄金市场二元结构的新兴市场。规模还是一种表象，对国际二元市场结构形成最大挑战的是我国黄金市场特有的DNA，这为国际二元市场正在进行和准备进行的改革树立了思考、学习和借鉴的范例，而成为国际黄金市场改革的中国要素，所以未来我国黄金市场将成为市场规则的制定者。中国黄金市场的崛起对国际黄金市场意味着二元结构将会被三足鼎立的结构取代，因为中国已不再是一个跟随者，而成为一个可平等对话的伙伴和学习的榜样，这是一个历史性变化。

黄金市场从一元结构发展到二元结构，不仅市场数量在增加，两个同质化市场竞技后还诞生了一种新型的远期合约交易市场，因此黄金市场的功能也由单一的交割功能，发展到市场不确定性风险管理的功能，而二元结构变为三足鼎立的结构，主要是由于中国因素的出现。中国黄金市场的发展给国际黄金市场未来发展带来一系列反思：一是对人性的反思，自律必须以监管为前提；二是对发展模式的反思，规模必须以风控优先；三是对参与者行为的反思，交易必须以真实需求为基础。

中国黄金市场发展之路之所以不同，是因为作为一个后来者，与伦敦和纽约两个先行者发展所处的环境有很大的不同，各自都打上了时代的烙印：伦敦和纽约黄金市场的发展都得益于 20 世纪 80 年代轻监管、重创新、强自律的金融市场环境，但这条道路经过 30 多年的发展，交易的虚拟化日益扭曲并脱离了实际交易需求，这两个市场成为市场大鳄们投机炒作之所，为诈骗的滋生提供了土壤。而中国黄金市场的发展始于 21 世纪第一个 10 年，发展环境已变为重监管、强服务、控杠杆，因而中国黄金市场从诞生起便被赋予了特有的 DNA，而表现出独有的特征——发展始于顶层设计，对自由市场经济提出了挑战，并在有序竞争中成长，在有效监管下实现自律，将风控置于优先位置，从而实现了低风险发展。所以，未来国际黄金市场发展体系中的中国经验的导向与指引作用将会日益显现。

坐实了全球"西金东流"的配制格局

黄金作为一种货币金属和人类的绝对财富，是一个地区或国家富足或强盛的象征，因而欧洲在近代掀起了一个在全球寻找黄金的热潮，最终在美洲找到了黄金。欧洲的殖民者将美洲金银掠往了欧洲，欧洲成为全球黄金最为丰厚的地区，除供欧洲各国帝王消费外，黄金财富成为欧洲建立金本位的物质基础，因而欧洲是 19 世纪以前黄金最集中的地方。20 世纪的两次世界大战都爆发在欧洲，远离战火的美国火中取栗，因而欧洲的黄金在第二次世界大战期间大量流入美国。美国政府通过外贸交易和对内强征的办法将全球官方黄金储备的 75%，即当时全球黄金的 40% 集中到了手里，数量高达 2.2 万吨。美国正是凭借手中握有黄金而能够承诺在金本位的基础上保持美元的价值稳定而使美元赢得信任的，并取代英镑成为新的世界货币体系中的中心货币。凭借黄金而上位的美元被称为美金，表示美元是像黄金一样价值稳定的纸币，但实践证明只有黄金是一种具有内在价值的实体资产，而美元只是一种被国家强权赋予价值的彩色印刷品，黄金和美元是各有用途的两种不同物质，美元并不能取代黄金。欧洲人对此心知肚明，所以利用战后重建获得的美元，掀起了 20 世纪 60 年代的黄金挤兑潮，黄金又流回欧洲，他们重建了国家的黄金储备，现在全球官方黄金储备排序前10的国家中欧洲有6个，分别占第二、第三、第四、第五、第七、第九位。德、法、意、俄、瑞士和荷兰这6个国家的官方黄金储备达1.13万吨，为全球官方黄金储备的1/3，但美国仍保持了各国中数量最多的黄金储备（8 134吨），其黄金在外汇储备中占比也最大（75%）。所以总的来看，欧美仍是当今官方拥有黄金数量最多的地区，但近20年出现了一个“西金东流”的趋势，这主要是因为黄金非货币化的影响。民众已是新增的黄金主导购买者，而官方已是非主导购买者。由于各国民众的消费存在文化差异，民众对黄金喜好不同，亚洲成为黄金消费最多的洲。欧洲虽是当今全球的黄金冶炼中心和物流中心，且全球多数矿产黄金进入瑞士进行初加工或进入英国市场储存交易，但欧洲真正的黄金需求不多，所以欧洲成品金大部分通过市场交易进入亚洲市场，并积蓄在亚洲，这也就是所说的“西金东流”现象。

瑞士是当今全球最大的实金交易市场，是全球黄金物流中心，也是全球最大的黄金进口地。2017年瑞士进口的黄金为1 367吨，当年出口黄金1 477吨，也就是说瑞士当年不仅将全部进口转为出口，而且还把110吨存量黄金也出口了。据瑞士海关统计，2000—2017年瑞士进口黄金17 260.6吨，共出口黄金19 926.9吨，所以这期间瑞士黄金出口比进口多了2 666.3吨，这就意味着瑞士国内黄金存量的减少（瑞士国家黄金储备减持50%），这些“西金”都流向了东方的亚洲。最近，日益增多的美洲黄金开始直接出口到亚洲。因为亚洲是当今黄金需求第一大洲，市场需求占到全球总需求量的 60% 左右。2017 年亚洲黄金总需求量为2 318. 9吨，是当年全球总需求量 3 911 吨的 59. 29% 。而当年亚洲的黄金产量仅为 673. 9 吨，回收金为 414. 6 吨，所以域内的黄金供应量总计为 1 088. 5 吨，从总需求量中扣除域内的供应量后黄金进口量为 1 230. 4 吨，进口黄金已是亚洲黄金的第一大供给源。进口量为全球黄金总供应量的 26. 76% ，也就是当年全球约 1/4 的黄金供给量沉淀在亚洲，成为亚洲黄金财富的存量。

亚洲是现在全球最大的用金地，而中国和印度是亚洲黄金需求的两大支撑力，在中国因素出现以前，印度是亚洲第一大黄金需求国，也是世界第一大黄金需求国。因为印度已无黄金矿山，所以基本上没有矿产金生产，印度黄金需求缺口全部来源于进口。根据《全球黄金年鉴 2018》，印度 2017 年实金投资量为 164. 2 吨，工业用金量为 11. 2 吨，首饰用金量为 570. 7 吨，总计为 746. 1 吨，黄金需求供给除回收金外全部是进口。印度近 10 年，年进口黄金最高达 1 100 吨，一般保持在 800 吨的水平。我国因有黄金产量世界第一的黄金工业，所以有很强的黄金供给自配能力，一直是黄金出口国，但放开黄金管制后民间黄金需求增长快速，供给与需求出现了差距，这促使我国成为黄金进口国，以进口黄金来实现国内的供求平衡。2007 年我国进口黄金 28. 77 吨，为当年供应量的 7. 28% ，即进口仍属补充性供给因素，之后进口量持续增长，到 2013 年达到

1 506.5吨，创造了历史纪录，我国超过印度居全球黄金进口量第一，之后虽有回落，但每年均过千吨，进口黄金已成为我国黄金供应的第一大来源。我国2017年进口黄金1 110吨，是当年国内总供应量的58.11%，为当年全球总供应量4 484吨的24.75%，我国成为第一大黄金进口国。

我国黄金市场需求的兴起，使亚洲市场黄金需求由印度“独唱”变为“双雄争霸”，进一步提升了亚洲的黄金需求量，巩固了全球“西金东流”的格局。“西金东流”是在黄金非货币化的形势下出现的，欧美民众有很长的金本位经历，有很深的金币文化的沉淀，他们对黄金的疏远主要表明他们的黄金文化发生了从货币到一般商品的转变，所以黄金的有用性和神圣感对欧美民众来说是大大降低了。另外，黄金作为美元的替代物，与美元是竞争关系，树立美元权威就要贬低黄金。这些都是欧美民众疏远黄金的原因。然而以中印两国为代表的亚洲民众的黄金文化却与欧美不同，因为中印两国没有金本位制传统，所以中国与印度的民众对黄金货币的概念淡薄，而对黄金财富的概念深刻，黄金非货币化并非黄金非财富化，所以黄金非货币化没有使中印民众远离黄金，且因中印两国已成为全球经济的火车头，经济发展使民众收入增加，民众家庭财富的增加使他们可以拥有更多黄金财富，而使亚洲黄金需求持续增长，这是出现“西金东流”趋势的文化原因。然而，近期欧美出现了黄金再货币化思潮，黄金货币化的理念再次被唤醒，这将会对“西金东流”产生什么样的影响？我们应拭目以待。但我们要认识到“西金东流”不是永久不变的，而是一个机遇窗口，有随时关闭的可能。2019 年刚拉开序幕，就传来美国一天就卖出相当于 2018 年半年数量的鹰扬金币以及 77 岁亿万富翁山姆·泽尔（Sam Zell）人生第一次购买黄金的消息，这表明欧美民众对黄金态度的变化已经开始。

“西金东流”趋势与人民币国际化的要求相吻合，为了实现人民币国际化，应建立足够多的黄金储备，因为纸币需要与实体物质挂钩才能提供价值支撑，英镑的国际化、美元的国际化莫不如此。而“西金东流”为我们建立人民币国际化的黄金支撑力提供了战略机遇。对于这个机遇，我们要珍惜，要在这个战略机遇期内完成人民币国际化的黄金支撑力的建设。如果“西金东流”趋势消失，不仅会增加建立人民币黄金支撑力的难度，还会大量增加成本，因而我们必须要未雨绸缪。

打破了金价形成的美元一统天下

黄金全天 24 小时不停地跨区域交易，价格的形成是在伦敦，经过多轮报价在密室中形成的美元伦敦金价成为国际金价，并成为全球跨区域交易的价格基础。由于黄金是一种具有金融功能的特殊商品，所以国际金价不仅在黄金交易中使用，还在大宗商品交易中使用，也在金融市场中使用，所以在伦敦形成的美元金价不仅是黄金现货交易结算标准，还成为金融衍生品的定价标准，国际金价不仅对黄金市场交易至关重要，对金融产品的定价也至关重要。因而伦敦金价的影响力广泛，成为影响商品与金融产品价格变化的重要因素。

伦敦金价从表面看，是根据市场多次报价在供求平衡点上产生的金价，公正、公平且没有问题地运行了百年，但在密室中由少数人决定产生的伦敦金价既缺乏第三者监督，也缺乏公开透明的机制，极易出现欺骗问题。终于 2013 年巴克莱银行（Barclays Bank）操纵金价的丑闻东窗事发，舆论一片哗然，金价形成机制被迫改革，至今余波未了。然而这只是操作层面的问题，更深层的问题是美元定价引发的问题。公平的价格应是在市场供求平衡点上产生的，但是伦敦国际金价是以美元定价，因而国际伦敦金价的形成不仅有供求因素，还有美元因素。美元的价值并非固定不变而是变动的，美元的变化与金价的变化关系在许多情况下呈逆向运动，美元挺金价降，美元软金价升，当然金价也并不是百分之百与美元保持逆向运动。人们长期观察后认为，黄金与美元价格逆向运动的概率超过 70%，这表明美元的影响确实客观存在。美元的价值也是供求确定的，但美元供求变化与黄金的供求变化不同，美元供求变化虽是在市场上表现的，但不是由市场确定的，而是由美联储控制的，是一种人为操控的结果，这种操控行为是基于美国自身经济发展的需要，对于其他国家来说则有失公允，因为美国利益诉求与其他国家并不完全一致，甚至是完全相反的。公平是市场交易的原则之一，但以美元定价的黄金交易并不能保证公平，而成为美国获得不公平利益的工具。特别是美元霸权建立后，美国已将美国利益优先作为公开的治国律条，在国际金价形成中美元一统天下而缺乏制衡的力量，因而改革的呼声四起，要求多元货币在国际金价形成中发挥作用，这是人类追求公平的努力。

传统的国际黄金价格机制不仅存在程序的缺陷，更存在美元定价的缺陷，所以曾经权威的伦敦金价现在成了被革命的对象。对伦敦金价形成的程序改革不易，改革单一美元定价的现状更难，改革国际黄金定价的单一美元结构不仅需要愿望，更需要实力，当今哪种货币可以成为国际金价新的参与货币呢？第二大国际货币欧元能否参与进来呢？出于扩大欧元影响力来说，欧洲不是没有意愿，但欧洲没有真正的黄金需求，也没有黄金财富沉淀的迫切需求，相反欧洲是黄金财富的流出地，因而只是一个虚拟交易主导的市场。欧洲虽然仍有大量的官方黄金储备，但官方黄金储备有特殊的功能定位，平时流动性很低，缺少在市场中的换手率，因而欧元缺少对黄金市场改革的带动力和影响力，欧元区没有能力，也没有强烈愿望改变黄金美元定价的机制。

欧洲黄金市场从 1954 年恢复营业之后就与美元紧紧地捆绑在一起。而从政治的选择看，日元、英镑更没有挑战美元定价机制的愿望，这是一个尴尬的现实。

人民币曾是一种边缘性的货币，改革开放的推进使人民币逐渐进入国际货币的行列，现已进入国际货币基金组织特别提款权一篮子货币之列，因而具有了国际货币的资格。而作为人民币国际化进程的一部分，人民币对进入国际黄金价格形成机制有极大的意愿，而且有现实的需要。人民币价值的稳定有与黄金以某种形式挂钩的现实需要。所以提高人民币在国际金价形成中的话语权是我们积极推进和乐意见到的，但是增加人民币在国际金价形成中的影响力的愿望的实现需要一定的基本条件。

首先，我国在黄金市场中要拥有较强的话语权，能够与国际主要黄金市场平等对话，我国黄金市场作为一个跟随者的时候还没有这样的条件，而现在这个条件逐渐具备。交易量达到5万吨后，我国成为全球第三大黄金市场，逐渐拥有议价权，因为这时我国黄金市场交易量已达全球交易量的15%～20%，我国黄金市场交易开始有了足够的代表性，中国黄金投资者的交易价格诉求和意愿日益具有国际性。

其次，国际市场上要有人民币定价的国际性产品，能够成为美元金价产品的替代物，这样才能将提高国际黄金价格中的人民币占比落到实地。2016年4月上海黄金交易所推出了以人民币定价的可在全球交易的“上海金”，“上海金”不仅以人民币计价，每天在上海形成基准价后还可在国际上交易，因而在“伦敦金”美元定价中心之外，又出现了一个“上海金”人民币定价中心，这一中心成为人民币进入国际金价形成过程中的一个通道。

“伦敦金”丑闻的爆发无疑给“上海金”形成机制的设计提出了忠告，在初始报价、之后的平衡和最终产生交易价的过程中，人民币金价与美元金价的形成并无本质的区别，但“上海金”与“伦敦金”（改革后也有第三者，但这一机制还未得到充分认可）最大的不同是设立了一个第三者，即上海黄金交易所对这个过程进行全程监管，并全程留痕可追索，以防止价格操控，保证交易的公正性。随着“上海金”交易规模的不断扩大，国际金价中的人民币因素不断提升。现在参与“上海金”交易的投资者完全是国际化的，涵盖了境内外商业银行、券商、产金及用金单位。“上海金”2016 年的交易量为 569. 19 吨，2017 年为 3 476. 47 吨，2018 年为 3 997. 94 吨，逐年增长。

这些努力可以说是迈开了一步，还未达到终极目标，甚至离终极目标还有很远的距离，但现在迈出的一小步，却是未来的一大步。我国黄金市场的兴起改变了全球黄金市场交易的格局，这个 24 小时不间断的交易活动被划分为 3 个时区，欧洲的伦敦、美洲的纽约、亚洲的上海这 3 个交易最活跃的市场形成了国际黄金交易的金三角，过去亚洲的这一角色是由日本的东京承担，现在已被上海取代。在全球 24 小时不间断的交易中，这个金三角构成了国际资金流动的完整闭环，中国黄金市场成为这一闭环的一个节点，这是中国黄金市场的地利，也是物竞天择的结果。

市场的成长是一个发展的过程

从 2002 年至 2018 年，我国黄金市场的发展超出了我们的预期，黄金顺利地由人民银行统收统配转变为买卖双方自由交易，这是我国推动黄金市场化的初始动机和诉求，并不算雄心壮志。但上海黄金交易所开业的第 5 年即成为全球最大的即期场内黄金交易市场，市场仅运行了 5 年便做到这一点，这是一个很大的进步。上海期货交易所黄金期货合约上线 6 年后就成为全球第二大黄金期货交易所。现在中国黄金总交易量已稳坐全球黄金市场总交易量的第三把交椅，这是中国黄金市场 17 年发展交出的成绩单。我国黄金市场化的价值和意义开始被国人认知，并且日益被国际关注，其评价甚至超过了我们自己的预期。

发展起点并非辉煌

短短的 17 年，我国黄金市场的发展迅速超越了众多的先行者，开始向英国和美国这两个国际黄金市场的引领者逼近，但我国黄金市场起点并不高，在发展的初期表现也并不辉煌，开业第一年的月平均交易规模仅为 10 吨级别，而之后 4 年的年交易量一直是百吨级别，到第 5 年才达到千吨级规模，这一年交易量为 1 648.9 吨，上海黄金交易市场也成为全球最大的场内即期黄金交易市场。若进行国际比较，其单向交易规模仅为 824.45 吨，为当年全球黄金市场单向总交易量 29.58 万吨的 0.28%，因而在国际黄金市场中上海黄金交易市场还是一个无足轻重的边缘性市场。最大推动力是 2008 年黄金期货合约的上市，当年我国黄金市场体系形成，我国黄金市场总交易量一下增加了 496.35%，达到了 13 975 吨，跃升到万吨级规模，这在我们自己看来是一个很大的进步，但在国际大局中我们仍是一个弱小的后来者。交易规模仅为当年全球黄金总交易规模 37.81 万吨的 3.7%，是纽约商品交易所当年交易规模 11.93 万吨的 11.71%，是伦敦黄金交易市场总交易量 17.43 吨的 8%，为印度大宗商品交易所的 46.58%，是东京商品交易所的 42.51%，也就是说 2008 年我国黄金市场发展规模不仅与伦敦和纽约的黄金交易市场存在巨大差异，即使与亚洲的日本、印度等地区性黄金市场也存在很大差距，我国黄金市场仍属于国际黄金市场的边缘性力量。2012 年，我国黄金市场历经 10 年的发展，双向交易量达到了 2.15 万吨，但在全球总交易量中的占比也不足 3%，仍低于东京商品交易所和印度大宗商品交易所的交易量，但已同处于万吨级交易规模，可以说我国黄金市场经历 10 年发展才成了一个地区性交易市场。

突破发生在 2013 年，这一年黄金交易量同比增加了 161.3%，单向黄金交易量达到了 5.63 万吨，这一年仅增长量就高达 3.48 万吨（双向），是 2012 年全年交易量的 1.61 倍，出人意料的是这种超常增长的势头在持续，2014—2016 年每年双向交易量增长都超过两万吨，所以在这 3 年我国黄金市场交易规模连续超过 6 万吨、7 万吨、8 万吨、9 万吨、10 万吨、11 万吨和 12 万吨等 7 个万吨台阶，2016 年达到了 12.59 万吨，这是一个历史高峰。2017 年下降了 19.38%，交易量为 10.15 万吨，2018 年上海黄金交易所交易量达 6.75 万吨，上海期货交易所黄金期货交易量为 3.22 万吨，总计已达 9.97 万吨，若加上商业银行柜台市场交易量，总计为 11.2 万吨左右。所以 2016 年创造历史最高纪录，最高纪录以后的 2017 年和 2018 年交易量也均在 10 万吨以上，这标志着我国黄金市场规模达到了一个新高度。

纵观我国黄金市场的发展历史，交易规模以百吨级起步，经过 10 年的发展，我国黄金市场还是国际黄金市场的追赶者，在亚洲也不是主导者，交易规模小于东京商品交易所和印度大宗商品交易所，但 2013 年开始进入一个超常发展期。以 2013 年为界，我国黄金市场出现了两个不同的发展期，2002—2012 年为低速发展期，2013—2018 年为超常发展期。我国黄金市场双向交易量变化如图 5 -1 所示。

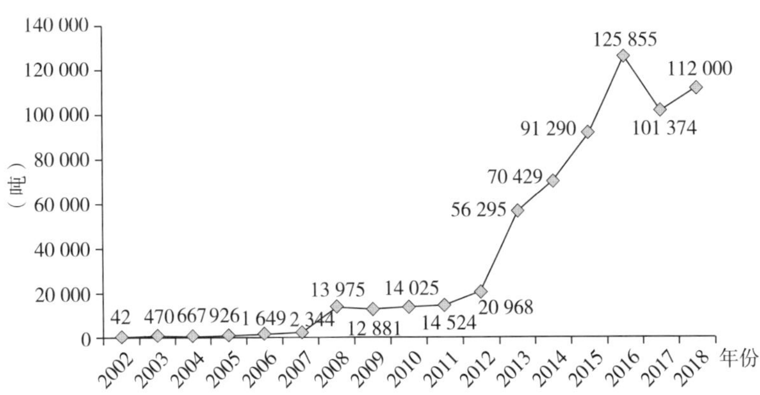

图 5 -1　我国黄金市场双向交易量变化图

资料来源：《中国黄金年鉴》（2009—2018）。

这两个历史阶段的分界是 2013 年，2013 年以前的 10 年交易规模由百吨级增长到万吨级，而 2013 年到 2016 年双向交易量年均增长超两万吨，2016 年交易规模更达到了 12.59 万吨，之后的 2017 年、2018 年有所回落，但交易规模都在 10 万吨以上，这是我国黄金市场发展的新高度。2016 年我国黄金市场交易规模已是日本、印度、土耳其、阿联酋 4 个国家黄金总交易量的 4.49 倍，2017 年为 4.12 倍，与亚洲主要黄金市场的差距增加了一个数量级，在全球黄金总交易量的占比上升到 15% 以上，我国黄金市场成为亚洲黄金市场的领头羊和全球第三大黄金市场，与美国远期黄金交易市场和英国即期黄金交易市场形成三足鼎立之势。这自然会引起一个疑问：2013 年发生了什么？是什么使我国黄金市场的发展有了超高的速度？

文化是行为的指令

2013 年是一个突破年，这一年黄金市场交易量的增长超过了前 10 年的增长总和，2003—2012 年我国黄金市场交易量增长总量为 2.09 万吨，而 2013 年一年就增长了 3.48 万吨，是前 9 年增长总和的 1.67 倍，之后的 2014—2016 年的年均增长量为 2.32 万吨，是 2003—2012 年这 9 年交易总增量的 1.07 倍，因而这期间我国黄金市场交易量连上了 6 万吨、7 万吨、8 万吨、9 万吨、10 万吨、11 万吨、12 万吨等 7 个万吨台阶，达到了 2016 年我国黄金交易量的历史高峰，2017 年下降了 19.38%，2018 年增长了 10% 左右，上下波动，但仍保持了 10 万吨级的水平。因而 2013 年以后，我国黄金市场进入了一个新阶段，开始从国际的边缘性市场逐步进入国际重要市场行列，而成为伦敦和纽约之后的全球第三大市场，将其他区域性市场远远地甩在了后面，具有了日益增长的国际影响力。那么我国黄金市场的爆发力从何而来的？

这个问题的答案很多，但我们从市场的发展逻辑角度分析，市场规模扩张的实质是需求的增长，而需求增长源于民众的行为选择。需求是一种有选择的行为，在供给多元的市场中，人类就有选择的问题，而选择什么、不选择什么是由人的行为指令决定的，有什么样的行为指令，就会有什么样的需求行为，而行为指令是文化的本质，所以我国黄金市场需求爆发力归根结底应从文化中寻找，当时民众黄金消费文化发生了什么变化。

我国持续千年的黄金短缺使黄金在我们现实经济生活中缺乏足够大的参与力度，近代世界历史的转折关头也缺乏中国黄金的话语权，因而我们的黄金文化缺乏厚度。特别是在半个多世纪的黄金管制下，中国民众与黄金起码隔绝了两代的时间，所以当市场开放，我们与黄金实现了零距离接触时，我们对黄金是陌生的，认识是肤浅的，大多还停留在乱世黄金的故事之中，对黄金价值的本质认识则一片茫然。所以在这样的文化环境中，我国黄金市场起点不高也不奇怪，前 10 年的低速成长也可以理解，2013 年开始进入发展的快车道一定是民众的行为指令，即文化发生了变化。那么发生了什么变化呢？

我认为我国民众黄金文化发生变化的起因是 2007 年美国次贷危机爆发，全球进入一个由美元危机引起的经济持续动荡时期，其严重性被一些权威人士表述为百年不遇的危机，这场危机揭开了以美元为中心货币的国际货币体系的神秘面纱，使国际货币体系弊端得以暴露。认识是逐步深化的，当一步步接近美元真相的时候，人类通过对比与反思唤醒了人类的黄金情结，对黄金进行了再认识，20 世纪 70 年代开始的黄金非货币化戛然而止，开始了一个黄金再货币化的时代，并有人预言："货币战争已经过时，黄金之战才是未来。"为了保护自己的财富不被纸币通胀淹没，为了保证生活的平稳，人们开始把建立黄金金融稳定之锚作为改革当今国际货币体系的一种诉求。现实的教训是最好的教材，它使我们这一代中国人对黄金的认识从前辈故事讲述的层面进入本质观察，在对人类财富的比较中看到了黄金的价值永恒，价值永恒的黄金是人类的绝对财富和民众财富的最高形态，因而越来越多的中国人成为黄金的"拥趸"，黄金开始成为追求财富保值和传承的民众的优先选择。如果说之前对黄金财富的选择是多个选择中的一个选择，而现在则是一个优先选择，这是 2013 年之前与之后黄金文化的差异，这种黄金文化的差异使民众家庭资产配置行为发生了变化。

2018 年广发银行联合西南财经大学对中国城市家庭财富进行了一个调查，结果表明我国家庭平均总资产为 161. 7 万元，其中用于投资的规模为 55. 7 万元，已居全球第二。具体的资产品种配置如何选择的呢？该调查报告表明，在家庭总资产配置中房产高达 77. 7% ，金融资产配置占 11. 8% 。而在金融资产配置中，近一半是银行存款，而股票不足总资产的 1% 。10 年前的调查结果一定和这一结果有很大不同，那时股票资产的占比一定会远远高于现在，但现在民众之所以开始远离股票，是认识到在货币贬值的威胁下，资产的保值和传承是更为重要的，所以对金融资产的安全性要保持警惕，于是近八成的民众选择了房产，金融资产中的一半是银行存款也是类似的，另外才选择黄金。最典型的代表事件是，2013 年年初中国不懂高深金融理论的中年家庭主妇群体，创造了一个金融历史上的轰动事件。她们乘 2013 年金价大幅下跌之机大量购买黄金，竟买光了中国内地（大陆）及港澳市场上的黄金，使市场做空者血本无归而让世界惊讶。她们的行为被一些金融家称为“不理性的盲动”，因而受到质疑和嘲讽，事实上她们的购买行为是一种资产置换行为而非投机营利行为，她们的行为逻辑是基于家庭资产的保值与传承的需要，而与营利无关。

正是从这一年开始，中国黄金市场的需求规模开始进入快车道，这一年我国黄金市场交易量大幅增加了 168.48％，交易量增长了 3.53 万吨。2013 年以后，我国一直保持了黄金需求的高水平，原因是中国民众完成了一次黄金文化再造，这次黄金文化再造的核心是我国民众完成了黄金从商品到资产的功能转变，而这一转变适应了民众家庭财富增持的需求，所以在家庭财富增持的过程中产生的黄金财富配置需求旺盛，而黄金市场化使我国民众能以最低成本、最方便的方式获得黄金，从而极大地挖掘了民众黄金需求的潜力，使 2013 年以后的黄金市场发展获得了强大的推动力。在黄金文化再构的基础上爆发强劲的黄金财富需求，是我国黄金市场规模战略成功的文化条件，黄金文化即黄金需求行为指令的创建、巩固、发展是黄金市场发展的根本动力源，黄金文化动力源的培育和维护是黄金市场发展的头等大事，而我们往往忽视了这一重要问题的存在。

第六章 国际化道路上的邂逅

我国黄金市场发展是在开放的环境中以国际化为目标的，所以我国黄金市场作为一个后来者对国际黄金市场发展经验的学习充满了热诚，兼容并蓄，丰富了我国黄金市场的内涵。我们注意开放的节奏，不是一步到位，但也并不反对国际化的目标，这是我国黄金市场国际化的重要特征。我国黄金市场的顶层设计是以国际黄金市场为比较坐标，本身是国际化的产物。在我国黄金市场国际化的进程中，我国黄金市场与世界黄金协会邂逅，并携手合作，所以世界黄金协会在我国黄金市场的发展进程中曾充当过不同的角色，成为我国黄金市场发展全程的参与者，并留下了值得记忆的花絮，构成了我国黄金市场国际化进程的一部分。

世界黄金协会

世界黄金协会于 1987 年在瑞士注册成立，现在办公地在英国伦敦。世界黄金协会的诞生可以说是源自黄金生产者的自我救赎。20世纪下半叶，虽然国际货币体系仍然以黄金为本位，但强势美元已成为黄金的替代品，甚至被称为美金。黄金的权威在国际货币体系中遭遇挑战，黄金的使用被压缩，黄金的社会功能萎缩，黄金的有用性受到挑战而使黄金生产者有了压力，当时最大的黄金生产国南非首先开始行动。南非矿山总会在1967年实验性地推出了一种名为克鲁格的金币，金币重1盎司，含金量为22K（约为91.6%），这实际上是一种带有图案的小型金块，升水很低。南非矿山总会推出克鲁格金币的目的，一是对黄金非货币化的反击，二是提供一般民众可买卖的黄金，以提高民众对黄金的需求。它认为民众对金币的接受也是对金本位的认可，而在全球多数国家仍在施行黄金管制情况下，发行金币实际上是黄金生产者为了突破管制打的“擦边球”。而1968年黄金价格双轨制的施行为这种“擦边球”的黄金产品提供了流动性，因而南非金币取得了成功，1984年南非卖出了4 000万枚克鲁格金币。南非的成功引发了其他产金国的竞争，美国、澳大利亚、加拿大等国也相继发行了自己的金币，我国在1979年发行了熊猫金币。全球进入了一个金币时代，当时有15% ~20%的矿产金被用于金币生产。那时处于管制体制之中的绝对黄金大买家是各国央行，所以黄金没有市场营销问题，但金币的生产者要面对的是高度分散的个体需求者和多种金币的竞争形势，所以金币的生产者需要做产品市场营销，这就有了黄金的生产者介入市场进行金币推广和营销，这也就是国际性的大黄金生产者成立世界黄金协会积极地进入市场做黄金推广的行为源头。

1978 年黄金非货币化最终在法律层面上得到确认，各国央行纷纷退出了黄金市场。对黄金生产者而言，这意味着失去了自己产品的最大顾客，也就是黄金单一的购买者变为了多元的购买者，单一的需求满足变为了多元的需求满足，所以推广营销的不再只是金币而扩展到黄金。黄金作为一个世界性的产品具有高端性和普及性，这对其市场营销模式提出了更高的要求，所以需要对分散的资源进行整合，形成一个专业的全球黄金生产者的世界性拓展平台，因而 1987 年诞生了世界黄金协会，世界黄金协会是一个以黄金矿业企业为主体组建的会员制的以推广黄金应用和需求为宗旨的国际性机构。

世界黄金协会初始会员有 67 家黄金生产企业，因当时对会员资质没有做严格的限定，所以一家公司可以有多个矿山企业参加，后限定一家公司只能有一个会员席位，所以现有会员 27 家，均是全球顶尖的黄金矿业公司，几乎囊括了全球黄金主要大型生产企业，巴里克（Barrick）、纽蒙特（Newmont）、安格鲁（Anglo）等黄金矿业大鳄都在其中。中国黄金集团和山东黄金矿业集团也是世界黄金协会会员，产量分别为我国的第一名和第二名。这 27 家会员在超过 45 个国家有 500 多个矿业开发项目以及 100 多座黄金矿山，黄金生产能力约为 1 500 吨，占全球工业化黄金产量的 56%，占全球总产量的 36%。

世界黄金协会的经费来源于会员按产量交纳的会费，但从

2003 年全球最大的 ETF（交易型开放式指数基金）上市后，作为董事单位的世界黄金协会也有了交易管理费收入，这成为世界黄金协会的另一个重要经费来源，也是世界黄金协会在全球推广黄金市场应用的本钱。

世界黄金协会与中国

世界黄金协会于 1994 年进入中国，在北京设立了办事机构，对当时仍处于管制状态的我国黄金企业来讲，世界黄金协会是花自己的钱为他人作嫁衣。而世界黄金协会之所以要进入中国，是因为它看到中国的人口众多，而市场还未开放，潜在的需求巨大，是一个能带动全球黄金需求的大有希望的最后一块“处女地”。20 多年后的今天再回首，中国已成为世界第一大黄金需求国、第一大黄金生产国、第一大黄金加工国和第一大黄金进口国，可以说世界黄金协会进入中国要实现的目标已超额完成，甚至远超预期，所以我国成为世界黄金协会重点关注的国家是在情理之中的。

世界黄金协会进入中国的前一年即 1993 年国务院 63 号函下发，我国黄金市场化目标刚刚提出，对于黄金市场化的认识还存在盲区，这就为进入中国的世界黄金协会提供了发挥咨询者作用的机会，它成为我国黄金市场化历史中的一个独特存在。那时我国只是恢复了黄金首饰的市场供应，黄金仍处于管制状态而不能自由交易。在我国当时的政策环境下，世界黄金协会一开始的工作重心是在中国香港，在中国内地主要以扩大黄金首饰市场消费为重点。随着我国黄金市场化改革的推进，世界黄金协会的工作重心才逐渐转移到北京。1999 年中国人民银行启动了黄金市场的筹备工作，推进黄金市场改革的决策与世界黄金协会的宗旨相契合，所以世界黄金协会积极主动地配合。而中国人民银行推进黄金市场化改革，筹建黄金市场也需要了解和借鉴国际黄金市场发展的经验，因而需要有一条与国际黄金市场联系的通道，所以世界黄金协会是在一个恰当的时机承担了一个恰当的角色，而与我国黄金市场化改革结缘。

世界黄金协会在我国黄金市场筹建期所做的支持性工作主要有以下 3 项：一是与人民银行黄金市场筹建人员建立工作关系，定期围绕中国黄金市场的组建建言并进行讨论；二是对中国黄金市场化改革提供智力支持，协助国务院发展研究中心和国民经济研究所提交专题研究报告；三是帮忙引进英国伦敦黄金特殊税制计划，为我国增值税政策平移市场奠定了理论基础。2002 年上海黄金交易所开业，世界黄金协会的咨询、沟通服务便终止。

世界黄金协会之后的工作转向了协助我国黄金首饰加工与零售业转型，实现黄金首饰产品品质升级，这是因为在新世纪初我国黄金首饰业遭遇了“寒冬”，发展受挫。而走出困境需要实现产品升级换代，所以已与我国黄金首饰多个企业建立紧密合作关系的世界黄金协会，利用其国际化的优势开始协助我国黄金首饰企业实现黄金首饰时尚化的目标。在追求这个目标的过程中，世界黄金协会发挥了启蒙和前导的作用。

2008 年美元危机引起了全球经济危机 ，国际环境发生了深刻变化，世界黄金协会的市场拓展工作也开始由黄金消费转向黄金投资，同时内部管理机制也做了调整，为此 2011 年世界黄金协会对在中国的办事机构进行了调整，一度弱化了在中国的工作。2015 年的再一次人员调整，曾经长期担任协会中国区总经理的王立新重回协会，任中国区董事总经理，世界黄金协会在中国的工作回归正轨。而此时我国黄金市场已进入一个新的发展期，所以一直关注我国黄金市场发展的世界黄金协会与我国黄金市场的有关方合作上升到一个新阶段。

2017 年中国黄金集团成为世界黄金协会的正式会员，2019 年山东黄金矿业集团也成为会员。2018 年世界黄金协会特别成立了中国委员会，中国黄金集团董事长宋鑫任主席，这进一步加强了与我国黄金产业的互动。世界黄金协会与中国黄金协会联合主办两年一届的中国国际黄金大会，现已举办 3 届；2018 年又联合主办了一年一届的上海国际黄金投资大会，通过这些大会的举办，搭建了中国黄金市场与国际交流的平台。2008 年以来，美元危机带来的不确定性引发了金融市场的巨大变化，所以 2018 年在中国国际黄金大会上世界黄金协会发表了专题报告，对我国黄金市场未来 5 年的发展做了前景评估。2019 年 3 月，新的首席执行官泰达维（David Tait）到任后外访第一站便是中国，先后拜访了上海黄金交易所、上海期货交易所、中国黄金集团和山东黄金矿业集团。当我们了解了 20 多年来世界黄金协会与我国黄金市场的联系之后，就可以理解世界黄金协会前任首席执行官施安霖（Aram Shishmanian）为什么会特别关注我国黄金市场的发展并做出相当高的评价了。

一个国际的视角

2017 年 4 月施安霖在深圳的讲演是这样开始的："回溯千禧年到来时，国际黄金市场仍几乎看不到中国的身影。中国国内矿山和冶炼厂产出的黄金约为 200 吨，而国内制造和消费的黄金也在 200 吨左右，回收市场规模很小。中国的进出口量极少，国内黄金市场与世界其他地区鲜有联系，国外也很少有人会关心这里的黄金市场。但今非昔比，情况已发生了巨大变化。中国黄金市场在过去 15 年取得了长足发展，这得益于深思熟虑的战略和清晰明确的政策，黄金从一个受到严格管制、缺乏流动性、参与程度有限的行业，晋级到了现有的地位。"

我国黄金市场发展快速的确是一个明显的特征，施安霖对我国黄金市场发展给予积极评价也正是建立在这样的基础之上的，所以并不意外，但让人感到惊讶的是他对我国黄金市场发展未来的期许。他认为："中国即将迈入崭新的发展阶段——它已经做好准备，接过全球黄金市场的领军旗帜，并把握由此带来的所有机遇与责任。基于这一领导地位，中国将帮助全球黄金市场来确定其未来的结构与组成。"

显然施安霖给了我国黄金市场一个大大的赞，但这个赞，并没有马上得到国内业者的热烈回应，赶上或超过传统的伦敦黄金市场或新兴的纽约黄金市场虽不是我们公开提出的目标，但也是隐形存在的一个赶超目标。2016 年我国黄金双向交易规模已突破 12 万吨，创我国黄金市场历史纪录，而以单向计，6.29 万吨的交易规模与同期伦敦黄金市场和纽约黄金市场的交易规模还不是一个数量级，这一年伦敦黄金市场交易量为 15.4 万吨，纽约商品交易所这一年超过了伦敦黄金市场，交易量达到了 18.56 万吨，因而我国的黄金市场交易规模仅是伦敦市场的 40.8%，是纽约商品交易所的 33.9%。从交易规模看，我国黄金市场与它们还有很大差距，甚至与它们不是同一规模级别，仍是一个追赶者，怎么能说是一个“领军者”呢？因而有不少人把施安霖的讲演视为对中国的客气和奉承。这也可能是我们看多了国外质疑中国的言论，反而对施安霖的肯定与推崇感到另类，甚至是怀疑。

为此，2017 年 7 月由我发起，联合业内专业人士在首都经济贸易大学组织了一次黄金市场创新研讨会，会议主题是“做黄金市场的领导者，中国准备好了吗？”这个研讨会的举办有很大成分是对施安霖讲演的回应，对“中国是否做好准备”进行回答。我当时有这样一个基本认识，首先要搞清楚施安霖所说的领军者内涵是什么，这是需要我们思考和讨论的。我认为施安霖得出“我国黄金市场是一个领军者”的结论是进行国际比较的结果，所以我们需要一个国际视野。从国际视野看中国，我们会有不同的感受，换一个角度，我们可能对自己有一种新认识，这显然是一次有益的讨论。

在研讨会上，我在发言中指出我国黄金市场要形成自己的核心竞争力，即自己在国际黄金市场体系中的不可替代的独特性，交易规模是可以替代的，因而交易规模虽是竞争力但不是核心竞争力，所以我认为施安霖关注的重点不是规模，那是什么？他在讲演中指出："今天，所有人的目光都牢牢地锁定在中国身上。世界正关注中国，这里有着最大的金饰、金条和金币市场；黄金 ETF 已经发行；上海黄金交易所也创建了国际板，鼓励海外机构参与黄金市场，并在去年这个时候发布了以人民币计价的黄金基准价格——'上海金'。不仅如此，一系列新型黄金业务也在中国陆续问世。今年，我们目睹了工行和腾讯合作推出创新产品'微黄金'，8 亿微信用户成为潜在的黄金买家。上海金交所则搭建了可信赖的在线平台'易金通（百姓金）'，帮助人们更轻松地购买黄金。"

在这里，施安霖表达了他对中国黄金市场的关注，他关注的的确不是我国黄金市场的交易规模，而是以下 3 个方向：一是世界最大的实物黄金市场，二是黄金市场中人民币因素的出现，三是新技术应用带动了市场产品创新。那么在国际视野的比较中，施安霖为什么会关注中国黄金市场这 3 个方面的发展？它们有何价值呢？其实施安霖对中国黄金市场的点赞，更是施安霖面对国际黄金市场发展危机的有感而发，那么国际黄金市场发生了什么？

“我们的老师”遭遇“滑铁卢”

伦敦黄金交易市场和纽约黄金市场是当代国际黄金市场体系的骨干市场，正是这两个市场支撑起了国际黄金市场的二元格局，是我们学习的榜样和追赶的目标。但是它们的发展都亮起了红灯，遭遇了“滑铁卢”。

伦敦黄金市场遭遇丑闻困扰

伦敦黄金市场是一个场外市场，支撑这个市场实现连续交易的是做市商，做市商提供连续的买价与卖价，进行买与卖的双向交易，交易价则以在密室产生的“伦敦金”的价格为基础，而恰恰是基础出了问题。这一定价制度诞生于1909年，经过百年侵蚀，早已千疮百孔，终于在2013年爆发危机。起因是2004年以100万美元的“白菜价”从罗斯柴尔德银行（Rothschild Bank）买来伦敦黄金市场做市商席位的巴克莱银行的贵金属交易负责人签订了一个对赌合约，如果金价突破了每盎司1 558.96美元，巴克莱银行就要给客户支付390万美元，如低于每盎司1 558.96美元，巴克莱银行就可以不支付此款项。为此，巴克莱银行贵金属交易负责人在定价前大量制造空单把金价打下去，再在定价过程中把这些假空单抛出，最终不仅对赌获胜，还在这个过程中不当得利170万美元，但被抓个正着，罚款2.9亿美元。巴克莱银行并不是唯一的犯案者，2014年德国金融监管部门对德意志银行（Deutsche Bank）开展了黄金定价过程中的欺诈行为的调查。为了防止这一调查对其负面影响的扩散，德意志银行和德国金融监管部门达成和解，并宣布从2015年退出伦敦金基准价的制定。这些暴露的可能只是冰山一角，而2002年瑞士信贷银行（Swiss Credit Bank）、2004年定价主席英国罗斯柴尔德银行早已退出这个是非之地。2014年年底英国洲际交易所在竞争中击败伦敦金属交易所和芝加哥商品交易所，拿到了伦敦金价管理权。新定价机制是由洲际交易所提供电子价格平台，按定价程序进行竞价交易和结算，维持了百年通过电话在密室定价的传统方式被废止，伦敦黄金传统定价机制完成了它的历史使命。

伦敦金定价改革并没有使伦敦黄金市场完全摆脱麻烦，伦敦黄金市场的不透明状况还没有根本改变，并被抨击在提高市场透明度和规范性的改革上是雷声大、雨点小。投资者对市场的不信任仍没有完全消除，市场做市商的数量在减少，巴克莱银行、兴业银行已经退出，丰业（Scotiabank）银行也在为退出做准备，现在市场做市商仅剩下12家。市场交易量已被纽约超过，从全球第一大黄金市场退居到第二位，伦敦黄金市场全球领导者的光环黯然。

纽约黄金市场也未洁身自好

纽约黄金市场成立于1975年，是废止黄金管制，推进黄金市场化的产物，是一个场内市场。场内市场本来比场外市场的交易更透明、监管更严格，现在纽约黄金市场的交易规模已超过伦敦市场成为全球第一，似乎大有高举全球黄金市场领袖大旗之势，但在20世纪80年代轻监管、加杠杆、重规模的环境中成长起来的纽约市场也未洁身自好。

纽约黄金市场不同于伦敦黄金市场，它的主要功能是黄金市场交易风险的管理而不是黄金的交割，服务于美元的有用性扩张，所以市场的参与者主要是大型投资机构和对冲基金。这些大型投资机构和对冲基金没有黄金实际的需求使用背景，只是利用黄金价格变化进行投机赢利，主要是通过多空合约博弈制造市场价格的波动来达到赢利目的。一些为了赢利的个体或部分市场参与者以不正当的手段串通制造假交易，从而影响或操纵金价向有利于自己的方向变化而构成犯罪。

2015年美国司法部门配合商品期货交易委员会对10多家主要从事黄金交易的机构启动调查，如德意志、渣打（Standard Chartered）、巴克莱、汇丰、丰业等国际性大银行，以及瑞银（UBS）、摩根史丹利（Morgan Stanley）、高盛（Goldman Sachs）等大投资机构。2018年美国商品期货交易委员会最终认定汇丰、瑞士、德意志3家银行存在欺诈和操纵金价的不法行为并处数百万到上千万美元的罚款。

纽约黄金期货市场同样出现了金价操纵和诈骗行为，这表明纽约黄金市场同样存在市场结构性制度缺陷。纽约黄金期货市场的本身设计就是一个与黄金实际需求无关的市场，而是一个金价游戏平台，左右金价游戏的胜负是人的智力。但既然是游戏，就要有游戏的规则，要受规则约束，而人类往往不会自觉接受约束，在缺乏外部的约束时基于趋利的本能就会越轨，突破原定的游戏规则而犯错或犯罪。因而监管的缺失或弱化就成为越轨的原因，这也就是黄金期货市场的制度缺陷，而这种制度缺陷的原因可以上溯到20世纪80年代的金融创新时期。

施安霂为什么点赞中国

施安霂为我国黄金市场点赞一定是基于国际的坐标进行的，正是国际主导性的市场发生了问题才发现了中国，世界黄金协会现任首席执行官在首次访问中国时不加掩饰地表现出对这些传统市场调整改革缓慢的失望，而对中国黄金市场的进步寄予希望。我们在这个大背景下观察，就可以理解世界黄金协会原首席执行官施安霂为什么会说中国将引领国际黄金市场的未来。

国际黄金市场发展面临的是将要发生的历史事件，变化的起因有多种，有政策的转变、消费者的转变、资本市场的转变及新技术的出现等，但核心的转变是市场结构的转变。国际黄金市场是在以美元为中心货币的国际货币体系中发展起来的，黄金市场功能定位是为这一货币体系平稳运行服务的，因而美国政府成为左右国际黄金市场发展的“有形之手”：在黄金与美元挂钩时期，黄金市场的功能是通过黄金市场的供求关系平衡来实现美元价值的稳定；在黄金与美元脱钩后，其功能是通过黄金与美元的定价来扩大美元的使用范围，从而实现美元持久的有用性。而当代国际中心货币正发生从一元到多元的变化趋势，所以国际黄金市场发展的宏观环境已经或即将发生变化，而且是根本性变化，其实质是世界权力中心从一元到多元的变化。为适应这一变化，未来黄金市场的发展需要进行改革，而改革需要引领者。中国黄金市场的发展走的是一条自己的有特色之路，并有良好的表现，也就是说中国黄金市场发展为国际黄金市场变革提供了实际案例，所以“所有人的目光都牢牢地锁定在中国身上”。

当代黄金市场为了强化美元有用性的功能，不断地推进黄金衍生品交易，使黄金市场交易功能严重异化，市场交易仅有1% 是真正的实金交易，而 99% 是货币流，且主要是美元流。欧美传统的黄金市场是这一趋势的推波助澜者，并已丧失了黄金财富聚集的功能。所以我国这个新的人民币黄金实物交易中心的出现，可能在世界黄金协会的眼中是一个抑制和抵御美元黄金虚拟化交易并促使黄金交易功能回归的引领者，而这恰与社会财富格局再构相适应，这可能是施安霖首先关注我国实金交易增长的原因吧！

以人民币定价的黄金产品，推进了我国黄金市场的开放并实现国际化，所以从我们自身来看，这是人民币国际化的需要，而从世界黄金协会的视角看，这是打破黄金市场美元一统天下之举，所以我国黄金市场是国际黄金市场适应多元中心货币发展趋势的引领者，施安霖才尤其关注“国际板”和“上海金”。

因为人民币定价的黄金产品上市和交易平台的推出，是推动国际黄金市场多元货币定价改革的实际步骤，即使开始是初期的探索，但仍具有方向性指示的意义与价值。

新技术的出现改变了人类的社会生活，也改变了人类的交易模式，所以世界黄金协会十分关注新技术对黄金市场发展的影响。但是任何新技术都有一个发展成熟的过程，新技术的使用也存在着风险，所以中国人民银行对新技术在黄金交易中的应用是慎重支持的，即允许试错但发现问题立即叫停或予以解决。现在全球充满了新技术的喧嚣和诱惑，但可以落地生根的并不多，故施安霖特别关注中国黄金市场的“微黄金”和“易金通”产品的创新。因为他看到的是中国黄金市场已提供了新技术应用的落地案例，所以在世界黄金协会的视角中，中国黄金市场是具有创新活力的市场，对国际黄金市场的未来具有示范和引领作用。

施安霖得出中国黄金市场将引领国际黄金市场发展的结论，是建立在对传统黄金市场发展方向迷失而改革乏力的强烈不满基础之上的。新任首席执行官泰达维首访我国时也毫不隐讳地表达出对老牌黄金市场的失望：保守不愿改革，信息不透明，滋生欺诈。因而世界黄金协会寄希望于中国黄金市场，这表明了世界黄金协会两任首席执行官认识的一脉相承，而这种一致性又源于同一个观察视角。

传统黄金市场丑闻频发后，开始了重建，重建还在起步探索阶段。在改革的意义上，传统市场与新兴的后来者处于同一个起跑线上。在这一转变时刻，谁具有创新力，谁就能最快适应变化，谁就可以占领未来市场的制高点而决定未来国际黄金市场的结构与组成，因而具有创新引领力的中国黄金市场也会是未来市场发展模式的引领者，这是施安霖讲演中“领军者”的基本内涵。

我们应如何认识自己

世界黄金协会的评价为我们提供了一个国际视角，我们也需要从这个国际视角重新认识我们自己。在前面我们已指出我国黄金市场是一个“有形之手”顶层设计的产物，这是最主要的中国特色，然而现在对“有形之手”和“无形之手”对经济发展作用的评价分歧严重，因而如何对我国黄金市场发展之路进行评价也就存在着不同的评价标准，而不同的评价标准就会产生不同的结论。不仅在国际上，国内也有两种意见。尤其是当前否定中国发展特色之路的舆论十分猖獗，甚至以攻击中国为时尚，攻击集中到一点是认为我国对金融市场的严格监管、强势政府发展经济之路是一条歧路，对于西方自由市场经济论者而言是一种不能接受的另类。如果我们走这条路发展起来，就否定了西方自由市场经济发展之路，所以西方国家感到了自己发展道路选择的空前压力，但是不能视而不见的是西方自由市场经济这条道路确实出现问题而需要改革创新。伦敦黄金市场和纽约黄金市场是我国黄金市场这个后来者的学习样板，但近年来相继爆发诈骗丑闻，高大的形象轰然倒塌，它们痛定思痛才认识到“无形之手”并非能治百病，而自身体制有缺失，市场自我净化的效率很低，所以它们需要“有形之手”发挥作用，国际上开始重建市场监管体系，强化市场监管。这在一定程度上表明，2008 年全球经济危机爆发以后，西方国家的自我救赎。它们经过反复讨论，最后形成的《巴塞尔协议Ⅱ》提出要加强对银行的监管，稳定金融，因此该协议将黄金提升为银行的一类资产。2018 年 1 月开始执行的《欧盟金融市场工具指南》，也扩大了对金融市场的监管。形成对照的是我国黄金市场发展从一开始就将风险管理置于首位，保证交易的公开、公平和交易信息的透明，剔除不健康的 DNA，从而保证了市场体魄的健康，避免了重蹈覆辙。所以当国际黄金市场还在摸索走出危机之时，我国黄金市场已走上了快速发展之路，这种对比的印象是深刻的。我国黄金市发展的事实证明了“有形之手”顶层设计的必要性和有效性，为国际黄金市场监管体系的建立与强化提供了经验，在这方面我们是由学生变为了先生，所以受到认识了西方自由市场经济发展需要改革的人士的重视，而中国黄金市场这种非自由市场经济的中国之路的发展成果，在西方改革派人士的眼中就成为引领者而予以肯定，这使我们更增强了对自己制度的自信，当然制度的自信不是停滞的理由，而是继续前行的动力——这可能是我的理解，甚至已超出施安霖讲演的本意，但我想沿着我的理解去讲述我们中国的黄金故事。

第七章 一个多元市场体系

我国黄金市场让人印象深刻的无疑是发展的速度，短短的17 年交易规模已挤进世界前三，从而改写了国际黄金市场的二元市场格局，同时我国黄金市场自身的结构也由一个市场变为多元市场。而我国黄金市场自身结构的形成原因是一个“制度”问题，在国际视角中观察，多元市场体系也是我国黄金市场的中国特色之一，是构成我国黄金市场的规模要素，是支撑我国黄金规模扩张的动力。当今世界各国的黄金市场共有两种不同结构，一种是专业化的单一市场结构，一种是专业化的多元市场结构。前者是一个国家只有一个功能单一的专业化的黄金市场，而后者是一个国家有多个不同功能定位的专业化黄金市场。

专业化单一的黄金市场结构

整个国际黄金市场是一个多元的市场体系，而具体到某一个国家并不一定如此，因为国际黄金市场体系是在国际专业化分工的条件下逐步形成的，所以每个国家的黄金市场都是专业化的市场，即使有两个市场，也总有一个市场是暂时存在，或是边缘性市场，而另一个市场为主导，并且这一主导市场的功能是专业化的单一功能，其不足的功能则通过国际市场予以弥补，因为这一市场结构是国际竞争的结果，是全球资源配置的产物。

目前交易量最大的黄金市场是美国纽约商品交易所，2017年交易量达22.69万吨，这是一个场内黄金期货合约交易市场，是一个黄金衍生品远期交易市场。美国的芝加哥货币交易所也曾在1975年至1988年有过黄金期货合约交易，之后便再没有进行黄金期货交易。美国曾经是世界第一产金大国，目前是第四产金大国，但并没有活跃的实金即期交易市场，实物黄金交易是通过参与国际市场完成的，而且大部分矿产金是通过瑞士市场完成交易的，所以美国黄金市场是一个单一黄金远期衍生品交易市场。

交易量曾经为世界第一，现在是第二的英国伦敦黄金市场，是一个场外即期黄金交易市场，交易要通过做市商报价（报买价也报卖价），但伦敦也曾有一个场内黄金交易所——伦敦金属交易所，但该交易所的黄金交易已在20世纪90年代停止，现在借伦敦场外市场出现金价操控丑闻之机，推出了场内黄金远期交易产品，但从目前看，这一做法还难以撼动原来的市场格局，今后伦敦黄金市场将仍是原有的场外即期黄金市场为主导的单一市场格局。

正是基于全球资源配置，之后建立的黄金市场基本上都是专业化的单一功能市场。日本、印度没有较强的黄金生产能力，但有较强的黄金加工与消费能力，可它们仍没有规范独立的黄金现货交易市场，只有场内黄金期货市场，且是亚洲重要的黄金交易中心市场，但2017年日本黄金期货市场交易量已不足万吨，印度不足5 000吨，日本、印度黄金市场20多年的发展不进反退，已与我国黄金市场不可同日而语。而迪拜和伊斯坦布尔的市场仅有几百吨的交易量，所以以我国黄金市场为中心的亚洲黄金市场群已初步形成。而从全球看，每年三四十万吨交易量主要集中在纽约、伦敦、上海这3个黄金市场，2017年全球黄金市场总交易量46.9万吨，比2016年增长了9.58%，创历史最高纪录，纽约黄金市场交易量为23.45万吨，占总交易量的50%，伦敦黄金市场交易量16.56万吨，为总交易量的35.31%，上海黄金市场交易量（单向）5.07万吨，占比为10.81%（2016年占比为14.71%）。以上三大市场总占比为96.12%，足见这3个市场在国际黄金市场体系中是交易规模遥遥领先的市场，而这3个市场中纽约、伦敦都是专业化单一市场结构，只有上海黄金市场是专业化多元市场结构，这一特有的市场结构是我国黄金市场交易规模增长迅速的一个重要原因。有比较才有判断，所以中国黄金市场的发展会那样令人关注。发展快是关注的一个方面，更为重要的是，我们走的路与国际黄金市场有如所不同，正如前述，国际上很多国家的黄金市场是“单兵团”专业化发展，是单一市场结构，而我们是“多兵团”专业化发展，是一个多市场组成的市场体系。单一结构还是多元结构更有利于黄金市场未来的发展，将由今后的实践做评定，但我国这种另类黄金市场的出现，为两种发展道路提供了一个比较的坐标。

我国黄金市场的细分发展

我国是多元市场组成的黄金市场体系，但并不是一开始就形成的，而是我国黄金市场不断细分的产物。我国黄金市场细分的主要原因有两个：一是需求的拉动；二是“制度”条件的存在。我国黄金市场的发展不是由自由竞争拉动，而是由需求拉动。由于我国人口众多，需求多元，为满足多元需求，黄金市场功能逐渐多元化，产品逐渐多样化，这就需要有多个专业市场相对应。但建立一个全能黄金市场并不是从一开始就被排除的选项，但我国金融分业管理体制对这一选项形成了制约，这是我国黄金市场形态多元的制度原因，所以我国黄金市场的发展不是不断集中，形成垄断的过程，而是在需求推动下不断细分的过程，以多元专业化市场应对多元化需求，最终形成了一个多元专业化市场组成的黄金市场体系。

2002 年上海黄金交易所开业，它是一个黄金商品交易所，这一市场建立的主要目的是完成黄金交易方式从人民银行统收统配向市场自由交易转变，但黄金商品市场化只是黄金市场化的一小部分，因为具有商品属性的黄金交易量在国际黄金市场总交易量中只占不到 1%，因而上海黄金交易所的运营意味着只完成了不到1%的黄金交易的市场化，还有约99%的金融性黄金交易没有完成市场化，所以上海黄金交易所开业后，人民银行要求它在黄金交易方式转变稳定之后向黄金金融市场转型。之后，人民银行在2004年要求我国黄金市场要实现3个转变，向金融市场转变是其中的1个。于是上海黄金交易所运行两年以后的2004年就开始向金融市场转型，因而推出了黄金即期递延产品，这是服务于机构投资者的黄金金融产品，这一产品交易占比变化标志着上海黄金交易所向金融市场转变的程度。2008年Au（T+D）系列产品占比达到72.5%，成为主导性市场交易品种，并标志着上海黄金交易所实现了从商品黄金市场向金融黄金市场的转变。但从全局看，我国黄金市场的金融化转型还需进一步深入——从机构参与扩大到一般民众参与，进而产生建立黄金零售市场的需求。面向一般民众的黄金交易平台建设是与2004年上海黄金交易所转型同时开始的，因为2004年年底银监会批准四大国有商业银行开展面向一般民众的黄金投资业务，所以面向一般民众的黄金投资产品也陆续被推向市场。这是我国黄金市场出现的第一次分层，即商品黄金市场与金融黄金市场的分层。这次分层出现了一个商业银行场外柜台黄金交易市场，这是一个面向一般民众的黄金零售市场，由于商业银行黄金业务由银监会监管而与央行监管的上海黄金交易所形成区别，这次市场分层的推进，不仅实现了黄金商品市场与黄金金融市场的分层，也实现了黄金零售市场与黄金批发市场的分层。

上海黄金交易所这个即期黄金市场的金融转型打开局面后，

就要推动黄金期货合约这种更为重要的黄金金融远期产品的上市，上海黄金交易所在2007年将这一产品上市提上了工作日程。因为市场化的金价是上下浮动的，而且具有极大不确定性，这种不确定性给投机者带来了低买高卖的赢利机遇，但也给投资者带来了投资风险。市场风险不会被消灭，但可锁定或规避，而锁定和规避市场风险主要是在远期市场使用衍生品交易实现的，基于对市场风险管理的需要，推动远期黄金交易市场的发展具有必要性与合理性。原本黄金期货合约仅是作为一个新产品在上海黄金交易所上市，但因期货市场是归证监会监管，黄金期货合约若在上海黄金交易所上市会有越界之嫌，最终2008年1月8日黄金期货合约实现了在上海期货交易所上线交易，标志着我国黄金市场的第二次分层的完成，即黄金即期市场与黄金远期市场的分层，这次分层也推进了实金即期交易市场与黄金远期合约交易市场的分层。因而我国在上海黄金交易所场内即期黄金交易市场和商业银行场外柜台黄金交易市场之外又出现了一个在上海期货交易所场内运营的黄金远期交易市场。

2010年央行等6部委联合下发了《关于促进黄金市场发展的若干意见》，对黄金市场发展状况做了如下描述："统收统配政策取消后，我国黄金市场发展迅速，初步形成了上海黄金交易所黄金业务、商业银行黄金业务和上海期货交易所黄金期货业务共同发展的格局，形成了与黄金产业协同发展的良好局面。"

一些人对于我国这种渐进开放、有顶层设计的市场发展环境是有质疑的，他们认为这将排斥竞争而使黄金市场发展失去推动力，主张我国黄金市场发展要有更充分的竞争，但在我国的“制度”条件下形成的这种多专业化市场体系，并不是没有竞争，而是减少了同一市场的同质化竞争，变为多个平行发展市场间的竞争和竞赛，减少了过度无序竞争的资源损耗，增加了竞争的正能量，从而推动了我国黄金市场服务功能的提升。与目前国际黄金市场的现状比较，我国黄金市场的产品供应最为丰富，交易方式最为多样，黄金物流最为便捷，这是我国多元专业化黄金市场体系所产生的正效应，并日益产生了国际示范效应。我国黄金市场由一个市场变为了多个市场，不只是数量的增加，也形成了一个功能有别且互相影响的平行发展的市场体系。因而我国黄金市场形态最为丰富，功能最为完善，丰富了国际黄金市场体系存在的形态，创造了黄金市场发展的新纪元。

各领风骚，互补前行

上海黄金交易所、上海期货交易所、商业银行场外柜台黄金交易市场是我国黄金市场体系构成的三大交易平台，因这3个交易平台各有自己的服务功能定位和参与群体，故我国黄金市场形成了各领风骚、互补前行的发展格局。

上海黄金交易所：推动我国黄金市场化改革的核心市场

上海黄金市场成立于2002年，是我国建立的第一个黄金市场，至今已有17年历史，建立之初是一个黄金商品交易平台，现在虽然是我国黄金实物交割中心，但从交易量的结构看，已是一个金融属性主导的即期多金属交易市场。上海黄金交易所是我国黄金市场体系的核心市场，之所以是核心市场，不仅是因为它是我国黄金市场体系的基础性市场，承担着我国黄金交割流通的主要责任，还因为它是我国黄金市场化改革的主要推动者和引领者，几乎成了我国2002年以来黄金市场改革的发起地，不断有新的改革创新项目推出。上海黄金交易所不但推动了自身的发展，而且也为我国黄金市场赢得了国际声誉，它是我国“有形之手”顶层设计的产物，是央行直接监管的市场，所以被深深地打上了中国特色的印迹。

上海黄金交易所的规模扩张

上海黄金交易所于2002年10月30日开业，交易规模持续增长，并且呈持续加快趋势。在市场开业初期的2002—2005年，交易规模仅有百吨级别，2006年上升到千吨级别，为1 249.6吨，但经过了7年的发展，规模才实现了突破，2013年交易量突破万吨，为1.16万吨。虽然现在上海黄金交易所已是我国第一大黄金交易市场、全球第二大场内即期黄金交易市场及全球第三大黄金市场，但在2002—2013年它的表现并不突出，2013年之后的每一年交易量增长几乎都在万吨水平，所以2014—2018年黄金交易规模分别登上了2万吨、3万吨、4万吨、5万吨、6万吨等5个万吨台阶，2018年交易量为6.75万吨，是2003年交易量470吨的143.6倍，2014—2018年平均年递增率高达45.5%，这样的超常发展使上海黄金交易所成为世人关注的明星。上海黄金交易所交易量变化如图7-1所示。而在文化层面上的变化是中国民众在美元危机的大背景下完成了一次黄金财富文化的再造，形成了旺盛的黄金消费与投资行为，使2013年以后黄金交易高潮持续出现，尤其是有实物黄金交割背景的上海黄金交易所更受其益。

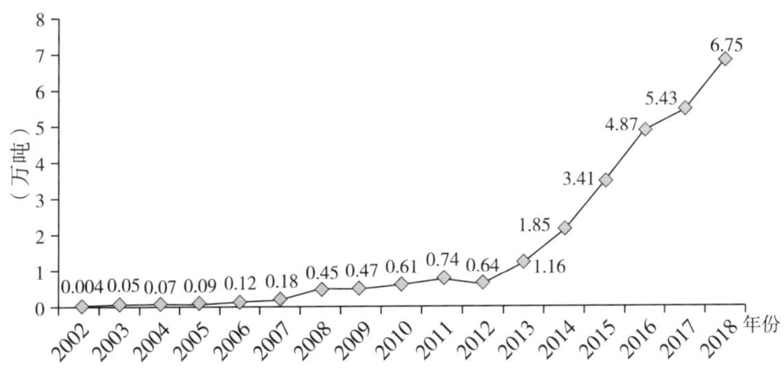

图7-1 上海黄金交易所交易量变化

资料来源：《中国黄金市场报告》（2002—2018）。

规模虽不能说是发展的核心竞争力，但也是竞争力的一部分。上海黄金交易所正是由于交易规模的持续扩大，才由一个默默无闻的边缘市场变成一个日益被关注的市场：2006年上海黄金交易所以1 249.6吨成为全球最大的场内即期交易市场；2013年交易量过万吨，达到1.16万吨，而成为亚洲中心市场之一，并开启了之后交易量年均增长超万吨的超常增长期；2017年以5.43万吨交易量超过了上海期货交易所黄金期货合约的 3.9 万吨的交易量，成为我国第一大黄金市场。2018 年这一发展势头得以保持，同比增长了 24.31%，成为仅次于纽约的全球第二大场内黄金交易市场，可以说上海黄金交易所的黄金交易规模已是世界级，规模的扩张进一步提升了上海黄金交易所在我国黄金市场体系中的地位，成为我国黄金市场发展的重要标志。而且上海黄金交易所交易体量扩大的过程也是自身全面发展成熟的过程，它逐步有了自己的核心竞争力。

市场的发展并非止于规模

上海黄金交易所交易规模的扩张是其发展的重要标志，但其发展并不止于规模。上海黄金交易所规模扩张的内涵日益丰富，其规模扩张的过程也是其社会服务功能不断丰富发展的过程，上海黄金交易所的规模扩张在量的积累中日益具有了质的突破的可能，所以上海黄金交易所交易量的扩张开始超越自身的意义，而具有了日益增长的社会辐射性，带动了我国金融市场的改革，使黄金市场与商品市场、金融市场、证券市场、外汇市场日益紧密地联系起来，成为这些市场改革创新的重要因素。上海黄金交易所发展的最大意义是，使我国黄金市场从金融市场中的边缘性市场逐步成为一个基础性市场，这意味着我国黄金市场已成为金融市场重要的一部分。对于黄金市场而言，这是一个质的变化。

上海黄金交易市场起步于一个商品市场，服务于央行完成黄金市场化的要求，即黄金交易方式由央行统收统配变为市场自由交易，但这只是黄金市场化改革的初级目标，黄金金融属性的回归与强化是黄金市场化带来的更深层挑战。由于长期的黄金管制使黄金流动性基本丧失，黄金金融属性严重萎缩，半个多世纪以来黄金在我国金融市场中几乎销声匿迹，即使高校的金融教科书中黄金市场也成为缺席者，所以黄金市场如何在金融市场中从缺位到上位仍是一个问题。即使黄金管制已解除，这个问题也不会自然解决，黄金市场如何与金融市场中的外汇市场、货币市场、基金市场、期货市场、保险市场融合是黄金市场发展面临的关键性问题，尤其是在我国分业管理的金融市场中这种融合又面临体制性障碍。2004 年上海黄金交易所提出要从黄金商品市场向黄金金融市场转变，不仅指示了黄金市场的发展方向，而且开始与金融市场融合的改革实践，为这一问题的解决带来了契机。

上海黄金交易所向金融市场转变的制度环境是金融市场分业管理体制，银行、证券、保险、外汇、货币归属不同的管理部门监管，上海黄金交易所向金融市场转变就面临着跨界问题、部门壁垒问题。所以上海黄金交易所首先要增加现有即期交易市场的流动性，也就是增加自身的流动性，增加黄金即期交易的金融性，这就是即期递延 Au（T + D）产品推出的大背景，也是黄金商品市场向黄金金融市场融合迈出的第一步。

即期递延 Au（T + D）产品是一种具有递延交割功能的即期黄金合约，属于商品实金交易范畴，因为具有了延期功能，所以有了转移和管理市场风险的金融功能，从而扩大了市场即期交易参与群体范围，提高了黄金的流动性。黄金递延产品于2004年推出，到现在已由1种增加到5种，而且2008年上海黄金交易所的实物商品黄金交易量占比由100%下降到27.1%，而黄金递延合约交易量由4.65%上升到72.5%，交易量由665.3吨上升4 463.77吨，增长了5.7倍，而2017年黄金递延合约交易量占比更进一步上升为87.75%。这标志着上海黄金交易所流动性的提高，也是上海黄金交易所金融属性的强化。

黄金即期递延合约的推出是上海黄金交易所创新发展的第一块基石，是上海黄金交易所向黄金金融市场转型的胜负手，但是黄金市场在金融市场中仍是一个孤立的市场而未与金融市场实现高度融合。黄金即期递延合约成功上市以后，一个更大的动作是2008年黄金期货合约上市，使上海黄金交易所由即期交易向远期交易延伸，而在分业管理的体制中这一延伸有越界之嫌而遭遇体制性的阻力，最终上海黄金交易所受挫，这一事件表明分业管理体制是黄金市场与金融市场融合的前提条件，任何发展都在这个体制下完成。成也萧何，败也萧何，分业管理的金融体制具有两面性，一种是束缚，一种是保护。在这一制度条件下，上海黄金交易所并没有停止对发展的追求，而是将发展的路径由产品创新调整为平台创新，从而使属于不同部门监管的金融产品都可以在上海黄金交易所搭建的黄金市场交易平台上交易，上海黄金交易所成为共用的市场交易平台，使分业管制的束缚得以化解。

平台创新是上海黄金交易所为投资者打造个性化的交易平

台，以满足不同投资者个性化需求。投资者可以在这个平台上根据规则自由完成交易，上海黄金交易所为交易的合法性和公平性背书。在分业管理体制条件下的黄金跨界流动，提高了上海黄金交易所的社会服务能力和社会辐射力，现在上海黄金交易所在竞价交易平台之外，又创建了做市商询价交易平台、离岸人民币黄金国际交易平台和“上海金”定价交易平台，即由单一交易平台的黄金市场变为了多交易平台的黄金市场。多交易平台的黄金市场的诞生具有国际引领的意义，因为到目前为止，除我国外，国际上其他黄金市场均是单一交易平台，所以上海黄金交易所多交易平台结构是我国黄金市场的中国特色之一。

改革是机遇与风险并存，所以改革不仅是改革方向和改革目标的选择，还要实现改革的风险可控，建设特色交易平台推进改革的一个原因是，使改革可以从一个局部开始而不是一下就全面进行，这就使改革的风险限定在一个可以控制的范围内，从而可以给全面的改革提供试错的机会，之前不能做的，在特色交易平台上就可以先试先行，所以上海黄金交易所通过特色交易平台的建设，很快加强了与货币市场、外汇市场、证券市场、债券市场和资金市场的联系。因此，上海黄金交易所的参与者不仅是黄金的供需双方，还有日益增多的证券公司、货币公司、信托公司、金融服务公司和商业银行。它们成为会员或特殊会员，参与黄金交易，黄金成为这些非黄金机构风险管理和资产配置的工具和手段，并为市场的衍生品设计提供基准，因而我国黄金市场开始成为金融市场体系的基础性市场。上海黄金交易所向黄金金融市场转变始于产品创新，而平台创新是这一转变的升级版。

市场渐进的国际化进程

当今任何一个追求发展的黄金市场都要推进国际化，因为黄金是一个全球性连续交易的金融标的，且有国际化天然属性。我国坚持实行开放政策，所以我国黄金市场的发展也要走国际化之路。早在2002年上海黄金交易所开业时，央行领导就提出“要使我国黄金市场真正成为全球黄金一体化市场的重要组成部分”，即要实现国际化。但我国黄金市场国际化不是一步到位而是渐进实现和发展的，之所以国际化是渐进推进的，是因为与“制度”有关，我国经济市场化转轨就是渐进的。上海黄金交易所开始并没有立即对外开放，而是始于2008年，这一年它开始吸收外资金融机构会员，现在参与上海黄金交易所主板交易的已有8家外资金融机构。当时，我国上海黄金交易所已经过6年的发展，已是世界第一大场内黄金即期交易市场，交易规模已基本定型。

另一个更大的国际化举措是2014年上海自贸区推出了上海黄金交易所国际板，允许境外机构使用离岸人民币参与主板交易。这时上海黄金交易所已运营12年，市场规模已达1.85万吨，已发展成为亚洲的中心黄金市场，而到2018年上海黄金交易所国际板已有74家国际会员，除会员外，还有77个国际客户。全年成交黄金6 500吨，同比增长37.09%，白银2.18万吨，同比增长195.31%。

2016 年“上海金”定价交易平台的推出又将上海黄金交易所的国际化推向了一个新的阶段：从市场黄金交易的开放到交易规则的开放输出阶段。到 2018 年参与“上海金”交易的已有 26 家会员、33 个机构客户，并且人民币金价成为境外黄金衍生品的结算价格标准，人民币计价的黄金期货合约已在迪拜黄金市场与多种商品市场正式挂牌交易。推出“上海金”定价机制并对外开放的 2016 年，上海黄金交易所交易规模已超 3 万吨，达到了 4.87 万吨，是全球重要的黄金市场，所以才有了加大对外开放力度的条件和本钱。

上海黄金交易所的国际化是在自己已有一定规模和经验的基础上建立了自己的市场规则之后的主动开放，包括“请进来”和“走出去”。所以当打开国门请外商进入中国黄金市场时，我们已经具有与之平等对话的能力，与国际投资者的关系是平等的商业伙伴而不是师生关系。渐进的国际化使上海黄金交易所有了一个相对有利于自身发展的环境，它在发展初期没有立即进入国际竞争，从而在“幼年期”获得了一个相对“和平”的成长壮大的发展时机。

与“请进来”同时的国际化举措是“走出去”，上海黄金交易所与国际黄金市场联合开发“上海金”国际新产品，探讨合作新模式，与迪拜商品与黄金交易所已有具体合作成果，并且已和仰光交易所、莫斯科交易所、德意志交易所、马来西亚衍生品交易所等国外交易所进行了合作探讨，与布达佩斯证券交易所签订了合作备忘录。与“一带一路”沿线国家的合作是上海黄金交易所“走出走”的优先选择。

以上是上海黄金交易所国际化的初步成果，不断扩大和加深上海黄金交易所国际化的广度和深度将是上海黄金交易所的一个长期任务。上海黄金交易所的国际化虽不能说已经完成，但已迈出了与国际黄金市场交流融合的步伐，已经不再是国际上默默无闻的“孤儿”，而成为国际黄金市场体系的一部分。从这个意义上讲，上海黄金交易所已实现了国际化，而现在上海黄金交易所的国际化面临的主要问题不仅是吸引外商、外资进入，还有如何为国际黄金市场发挥更大的引领作用。从跟随者到引领者是上海黄金交易所国际化的高级阶段，即创新发展阶段。上海黄金交易所的发展路径今后不再是对国际黄金市场的模仿，而是创新引领。这不仅是上海黄金交易所，也是我国所有的黄金交易平台共同面临的发展形势和共同的任务。也就是说，我国黄金市场国际化正处于一个质变的前夜，将要进入一个与之前不同的发展阶段，所以需要新的发展思维和新的顶层设计。

上海期货交易所:管理风险的市场

上海期货交易所的成立早于上海黄金交易所，是全球第二大期货市场，现有 16 个大宗商品品种上线交易。在 2000 年筹备期间，上海期货交易所基于业务的发展前景，对推动黄金产品上线做了调研和前期准备工作，所以在央行决定在上海黄金交易所推进黄金期货合约上线后，上海期货交易所也启动了黄金期货合约的上线申报工作。

黄金期货上市的曲折

我国发展黄金期货市场是作为上海黄金交易所向金融市场转型任务而列入人民银行行长的工作日程的，但最终未能如愿，一个原因是上海期货交易所在同期向证监会提出上线黄金期货合约的申请，出现了两个机构申办同一个产品的情况，因而不再是一个部门在权限内可以决定的。最后黄金期货没有在上海黄金交易所上市，而是在上海期货交易所完成了上市过程，这与我国分业管理的金融体制有关。

央行是黄金的传统法定管理者，黄金市场化改革推进之后也没有改变它的这一身份，并被写入了《银行法》。而期货市场划归为证监会监管，经《期货管理条例》的颁布而法制化。于是黄金期货的上市就出现了两个主管部门——央行和证监会，上海黄金交易所和上海期货交易所分属这两个主管机关。上海期货交易所根据《期货管理条例》中期货产品交易由证监会监管的规定，向证监会提出了黄金期货上线的申请，上海黄金交易所上市黄金期货的合规性受到了证监会的挑战，黄金期货最后在上海期货交易所完成了上市，之后有关文件的表述就有微妙的差异，上海黄金交易所被冠以国务院批准的黄金市场，而上海期货交易所被冠以国务院认可的黄金市场。

作为一个局外人，基于防止垄断，我反对一元市场结构体系，而主张建立多元黄金市场体系，对黄金期货合约在上海期货交易所上线是投赞成票的，并在当时的《中国黄金报》上发表了1万余字的名为《黄金期货的来世今生》的长篇专文，并被广泛传播，可能因此，我受邀参加了2008年1月8日黄金期货合约上线仪式，见证了我国黄金市场发展的重要一刻，至此黄金期货合约在上海期货市场上线完成，我国的多元黄金市场体系成形。

到2018年上海期货交易所上线黄金期货合约已有10年的时间，但其在上海期货交易所内交易的16个上线品种中是交易量偏小的品种，在一些有色和能源大品种面前并无规模优势，交易量呈波动状态，而且近两年交易量不增反降，但黄金期货自身仍是增长的态势，上海期货交易所是亚洲表现最好的黄金期货市场：上线第一年双向成交量为7 780.9吨；2011年突破万吨，达到了1.44万吨；2014年突破了4万吨；2015年突破了5万吨，为5.06万吨；2016年达到了6.95万吨，这是上线交易8年来的最高交易量；2017年下降了43.88%，交易量为3.9万吨，如图7－2所示。2018年交易量继续下降了17.95%，交易量为3.2万吨。上海期货交易所从2012年成为全球第二大黄金期货市场和第三大黄金市场，2017年其黄金期货交易量被上海黄金交易所超越，但仍然是全球第二大黄金期货市场，在黄金市场中的排序则后退一位，为全球第四大黄金市场。

上海期货交易所黄金期货合约上市极大地推动了我国黄金市场的交易规模增长，2008年上市第一年就拉动我国黄金交易量超过万吨，达1.3975吨，增长了496.35%。近年黄金期货在我国黄金总交易量中的占比虽有所下降，但在2017年以前一直是我国最大的黄金交易市场。最高的占比是2014年达到67.2%，而2017占比下降到38.85%。在追求规模的固定思维中，交易量一直是衡量上海黄金期货市场发展的首要经济指标，黄金期货合约上线10多年以来交易量基本是上下波动的，那么我们如何对这种现象做出解释呢？

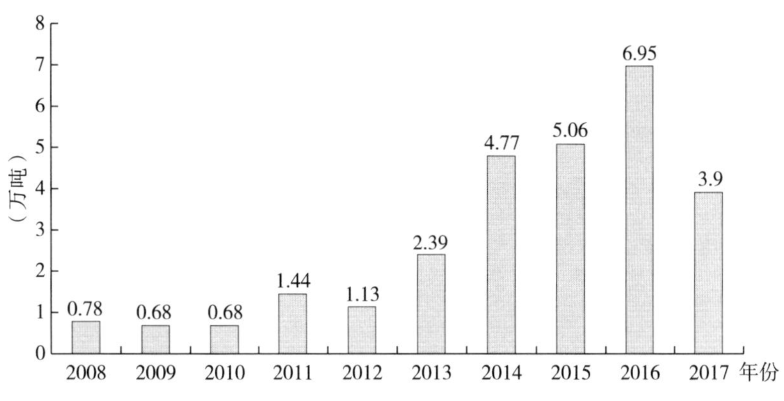

图7－2　上海期货交易所黄金期货交易量变化

资料来源：《中国黄金市场报告》（2009—2018）。

黄金期货上市的价值

我们要回答黄金期货上市有何价值，就需要了解黄金期货的特性。黄金期货市场是一个在20世纪70年代才出现的新型市场，它不同于历史悠久的即期黄金市场，即期黄金市场的功能是完成黄金的交易和交割，实现流转，产生黄金物流，而黄金期货市场主要产生的是资金流，而产生的物流一般只占总交易量的千分之一二。所以黄金期货市场的功能不是完成黄金交易与交割，而是通过资金流调节，进行价格不确定性风险管理，这也正是20世纪70年代放开黄金价格管制，固定金价制变为浮动金价制之后才有黄金期货市场的原因。了解了黄金期货的特性，也就了解了上海期货交易所上线黄金期货合约的价值，其价值首先是为黄金投资者提供一个最为便捷、交易成本最低的市场价格风险管理的工具，黄金期货合约上市使我国黄金市场转移和规避市场风险的能力得以加强，这对于增加我国黄金市场的整体稳定性和保障我国黄金产业链的发展具有不可替代的作用。黄金期货交易市场是一个资金流主导的市场，资金流动频繁，而上海期货交易所平台上有多个品种交易，资金会十分方便地在品种间流进流出而造成某个品种交易量的起伏，近两年金价低而平稳，套利机会减少，交易清淡，交易量自然走低。期货市场资金流动的频繁也向市场投资者对资金的把控能力提出了更高的要求，因而它是一个更适宜专业人士参与的市场。而诞生于20世纪90年代经过20多年发展的我国期货行业恰恰给我国黄金期货市场提供了一批专业人士，所以我国的期货公司成为黄金期货市场的主力军，每年有80%以上的期货公司参与黄金期货交易。

发展在继续，调整在进行

我们对于黄金期货市场功能的特殊性认识是在实践的过程

中逐步深化的，随着对其特性认识的深入，我们也增加了对市场发展的把控能力，为了充分发挥黄金期货市场管理市场风险的功能，上海期货交易所开始在会员结构上进行调整，探索、吸收投资机构和产业会员，促进与实业的联系，以增强为黄金产业服务的功能。2017 年已有 19 家商业银行、4 家大型黄金生产企业和加工企业进入市场。改革在持续，黄金期货期权的推出已到了临门一脚的态势，对开放已有新的举措。

黄金期货上市已有 10 年，黄金期货合约是我国第一个黄金远期合约，是一次突破，成为拉动我国黄金市场交易规模的又一主力军。10 年来，我国黄金期货市场的发展在稳步推进，但近年交易量出现了较大下跌，而在国际视野中黄金期货交易量呈上升趋势。国际黄金期货交易量 10 年来从 18.77 万吨增长到 33.44 万吨，增长了 78.16%。2016 年纽约期货市场的交易量为 18.56 万吨，而伦敦即期交易市场的交易量仅为 15.40 万吨，伦敦黄金市场第一次走下了冠军之位。2017 年纽约期货交易市场把这个差距进一步拉大，这一年纽约期货交易市场交易量增长了 26.4%，达到了 23.46 万吨，而伦敦即期交易市场的交易量仅增长了 7.5%，为 16.56 万吨，这个差距从 3.16 万吨增加了 6.9 万吨，表现出黄金期货市场发展的强劲势头，而我国呈现的是相反的情景，我国黄金期货市场波动发展，即期市场高歌猛进。2016 年、2017 年黄金期货交易量出现近四成和近两成的持续下跌，这种反差对比不能说是科学的，但也给了我们一个观察比较的窗口。

银行柜台市场：多角色的参与者

由于我国长期施行黄金管制，2002 年以前除中国银行有境外黄金业务的经历外，其他商业银行的黄金业务全部处于空白状态，所以从整体看，我国商业银行作为上海黄金交易所的会员，它们的黄金业务起步于 2002 年，上海黄金交易所首批 108 家会员中有 16 家商业银行会员。

从市场陌生者到积极参与者

商业银行从我国黄金市场开放之日起就是黄金市场的参与者，虽然不是前期黄金市场化改革的推动者，但是其黄金业务起步于作为上海黄金交易所的首批会员，它们开展场内自营或代客服务的黄金交易，银行柜台自营黄金业务的开展始于 2004 年上海黄金交易所向金融市场转型而引起的黄金批发市场与零售市场的分层，因而商业银行黄金业务的发展虽与我国黄金市场发展同步，但初期更多人是观望态度。

正如在进行中国黄金市场顶层设计时分析的，我国商业银行长期与黄金业务隔绝，即缺经验也缺人才，对于黄金业务的陌生使各商业银行对黄金业务的开展十分慎重，起初观望者甚至远远多于行动者，因而 2004 年银行柜台黄金业务规模仅有 2. 2 吨。虽然有 16 家商业银行成为上海黄金交易所的首批会员，但是 2003 年的场内交易量也仅有 171 吨，平均每家商业银行才 10 多吨，每个月平均交易量不足 1 吨，而打破这一僵局的是之后发生的两个事件。

一是兴业银行积极入市，获得了黄金业务的“第一桶金”，起到了示范作用。兴业银行是一家民营银行，所以开展传统金融业务没有竞争优势，而另辟蹊径主打上海黄金交易所的Au（T+D）黄金业务，那时这个业务还是没有多少竞争者的“蓝海”，因而一举成功，获利数亿元。对于大型银行来说，这可能不是大事，而对于兴业银行来说就不同了，因而2008—2010年，兴业银行是Au（T+D）产品交易的活跃参与者。榜样的力量是无穷的，兴业银行的这次成功为更多银行所效仿，民生银行的表现也很亮眼。

二是工商银行成立了独立的黄金业务部。工商银行是世界第一大银行，也一直是2002年上海黄金交易所开业后的第一大资金结算行，2010年迈出了引起社会关注的一步，即组建了独立的黄金事业部，这意味着世界第一大银行对银行黄金业务的重视。在黄金非货币化推进的40多年里，黄金业务在银行业务中被边缘化，工商银行的这一举动被视为具有方向的意义，引起一些银行的跟进，它们纷纷推进和加强黄金业务部门的建设。

到2014年年末，我国已有245家商业银行总行和588家商业银行省级分行开展了黄金业务，黄金业务成为商业银行业务的标配，可以说基本实现了黄金业务的普及化，这在10年前是一件稀有的事。

商业银行黄金业务起步于2002年上海黄金市场的场内交易；2004年银行柜台交易市场建立，商业银行成为这一市场的主导者；2009 年商业银行进入上海期货交易所，成为黄金期货交易的参与者；2010 年我国首次公布了我国商业银行在境外参与黄金交易的数据。2017 年上海黄金交易所中商业银行会员 36 家，其中外资银行 8 家；上海期货交易所中商业银行会员 19 家。而参与境外黄金市场交易的中国商业银行截至 2017 年年底已有 6 家成为伦敦金银市场协会的正式会员，它们是建设银行、中国银行、工商银行、交通银行、浦发银行和平安银行，2018 年又增加了民生银行。

我国商业银行黄金业务的深度和广度 10 多年来有了很大的发展，现在我国商业银行黄金业务已有 3 块，一块是国内黄金市场交易，一块是场外银行柜台交易，一块是境外交易。商业银行境外黄金业务以场外交易为主，场内交易为辅。商业银行黄金交易总量是这 3 块交易量之和，因而商业银行已在黄金市场中担当了多种角色。

商业银行是上海黄金交易所的主力军，在成长过程中，上海黄金交易所会员结构原本以实物黄金供求者为交易主体，商业银行只是保证市场流动性的服务商。上海黄金交易所基于向金融市场转轨的需要逐步调整了会员结构，增加了商业银行的会员比重。现在上海黄金交易所商业银行会员已达 72 家，为 270 家会员总数的 26.7%。从 2010 年开始，商业银行的黄金交易便成为该市场交易的第一名，2017 年完成交易量 3.96 万吨，为上海黄金交易所总交易量的 72.93%，从而完成了从配角到主角的转变，这也是上海黄金交易所向金融市场转变的标志。

商业银行是上海期货交易所黄金期货合约交易的参与者，19 家商业银行 2017 年的黄金期货交易量为 1 399.58 吨，占上海期货交易所黄金期货总交易量的 3.59%。从交易量占比看，商业银行在黄金期货市场内还是一个边缘性力量，它在黄金期货合约市场中的发展有两个选择：一是可以将黄金期货合约作为投机赢利的工具，二是可以作为转移市场风险的工具。

商业银行是银行柜台黄金交易市场的主宰者和运行安全责任的承担者，银行柜台黄金交易市场是被承认的合法场外做市商市场，是我国黄金市场体系中三大市场之一，诞生于 2004 年，2017 年商业银行的柜台黄金交易市场交易量为 8 073.63 吨，增长了 5.5%。

商业银行是国际黄金市场日益重要的参与者，2017 年它的境外市场黄金交易量为 1.62 万吨，较 2016 年下降了 20.01%，但仍高于境内银行柜台黄金交易量，商业银行近年来境外交易量呈快速增长趋势。

根据以上 4 项，商业银行黄金业务 2017 年完成交易量共 6.53 万吨，较 2016 年 6.34 万吨增加了 3%，这一增长主要是依靠上海黄金交易所交易量的增长取得的。

商业银行柜台黄金市场

商业银行柜台黄金交易市场是一个场外交易市场，商业银行就是这一市场中报买价同时也报卖价的做市商，为市场提供流动性和连续性保证，是该市场发展的主导者。商业银行柜台黄金市场是构成我国黄金市场体系的三大交易平台之一，是交易量最小的市场平台，上海黄金交易所和上海期货交易所的黄金交易量已达数万吨，而商业银行境内柜台黄金交易平台的交易量仍在千吨级水平。

商业银行柜台黄金市场诞生的背景是2004年12月银监会批准四大国有商业银行开展面对个人及家庭的黄金金融服务。在黄金金融市场进一步开放的大背景下，商业银行有了自主研发和销售黄金金融产品的市场空间，所以在我国黄金商品市场与黄金金融市场分层的进程中一个新兴的商业银行柜台黄金市场也发展起来，这个过程也推进了黄金批发市场与零售市场的分层，而与一般民众的资产与资金有密切联系的商业银行自然就具有了占有黄金零售终端市场的优势，因而商业银行柜台黄金市场在我国黄金零售终端市场中占有主导地位，虽然上海黄金交易所和商业机构目前还承担着这方面的功能。

商业银行柜台黄金市场业务就是从面向一般民众的投资品——小金条起步的，再就是基于个人投资便捷化要求的纸黄金，代表性的产品是黄金存折和黄金存单。之后出现的是基于民众黄金投资需求的黄金积存金产品。而现在占第一位的是黄金市场风险规避产品，如掉期、提前销售等，这些产品交易的参与者大多是机构，而民众黄金投资主要使用实金标的和纸质化黄金，只有少数使用黄金衍生品。2017年商业银行柜台黄金市场总交易量为8 073.63吨，其中实物黄金为304.01吨，仅为总交易量的3.78%；纸黄金——账户金为2 130.8吨，占总交易量的

26.39%；黄金衍生品交易量总计2 437.71吨，占总交易量的30.19%。其他则是黄金拆借和质押，为2 995.48吨，占比为37.1%。

从2004年至2017年，我国商业银行柜台黄金市场发展已有10多年的历史，交易量从2.2吨起步到超过8 000吨，增长了几千倍，足够惊人，通过分析，我们发现了几千倍背后的原因。

商业银行柜台黄金业务因起点很低，所以涨了千倍，但始终没有突破万吨级交易规模。因为商业银行柜台黄金市场在黄金零售端市场占有优势，所以2013年中国消费者入市购买黄金后成为最大的受益者，实物黄金交易量达到了创纪录的521.77吨，比2012年猛增了1.65倍，是这一年全球实金供应量4 340吨的12%。因而银行柜台黄金市场全年交易量也达到6 594.2吨，较2012年大幅增长1.37倍，增加了3 809.8吨，这一增长量甚至比2004年到2012年增长量的总和还多1 000多吨，而2014年一年便又下跌2 479.8吨，下跌幅度高达37.6%。因而银行柜台黄金市场又进入恢复期，到3年后的2017年才超2013年的水平。为什么出现这种情况？这暴露了这个市场的创新能力问题。中国消费者大量购买黄金是低价抄底的行为，他们对于黄金产品的质量没有更高要求，基本上是传统的金条及金首饰，但冲动性购买消失后，这个市场并没有更高品质、更适合消费升级的产品进行后续供应使这种购买力持续。实际从2013年以后，银行柜台黄金市场的实金产品交易一直处于下跌状态，这也表明黄金产品创新急需突破，特别是我国黄金市场发展驱动已从一般产品创新进入文化创新的阶段，银行柜台黄金市场的发展应有更深的思考和更新的探索，才能有更好的发展。

商业银行境外黄金业务

我国2010年正式公开了我国商业银行参与境外市场的黄金交易数据，那年有12家中国商业银行在境外完成了3 581.89吨的交易量，这肯定不是初始之年的交易数据，据说20世纪90年代中国银行在伦敦市场就颇有名气了，但没有官方数据发布，我们只能依靠2010年公布的数据对我国商业银行境外的黄金业务进行分析。

我国商业银行在境外黄金市场的参与度，无论是深度还是广度都在持续发展，已从一个旁观者日益成为国际黄金市场中的一个重要存在。2010年从事国际黄金业务的中国商业银行有12家，到2013年已增加到25家。截至2018年，已有建设银行、工商银行、交通银行、中国银行、浦发银行、平安银行、民生银行7家商业银行成为伦敦金银市场协会的正式会员，在建设银行和中国银行成为报价做市商后，工商银行和交通银行两家中国商业银行又成为伦敦金银市场协会的第13家和第14家黄金定盘商，工商银行标准银行加入了伦敦贵金属清算公司的贵金属清算系统，开始为黄金交易提供结算服务。这表明日益增多的中国商业银行开始从国际黄金市场上的游击队成为正规军，因而拥有了日益增多的话语权，不再只是一个市场规则的遵守者、使用者，开始向市场规则的制定者转变。我国商业银行在国际黄金市场上存在感的提高还表现在境外黄金交易规模的持续增长，年交易量已从千吨级达到了万吨级，这是商业银行境内柜台黄金市场发展 14 年仍未达到的交易规模。但是 2016 年境外黄金交易量达到 1.58 万吨以后出现了拐点，2017 年下降了 20.01%，一个持续增长期结束。我认为这反映了商业银行境外黄金交易与国内黄金市场存在着互动关联性。我国商业银行境外黄金业务的开展是我国黄金市场国际化的一个重要形式，它有一个重要的意义是进一步促进国际黄金市场与国内黄金市场的联系，国际黄金市场已是国内商业银行黄金交易头寸平衡的必然选择。

商业银行境外黄金交易的产品结构为我们分析这种关联性提供了一把钥匙，以 2017 年为例，我国商业银行境外黄金交易的第一大产品是掉期，交易量为 7 645 吨，占当年总交易量的 60.67%；另一个产品是远期，交易量为 1 309 吨，占总交易量的 10.39%；另外还有期货和期权，为 77.95 吨，仅为 0.62%；即期交易量为 3 449 吨，占总交易量的 27.37%。因而掉期、远期、期货和期权交易量占 71. 68%。所以商业银行境外黄金交易是以黄金衍生品为主导，我国商业银行境外黄金交易量变化如图 7－3 所示。黄金衍生品交易主要功能是套利和对冲风险，这也决定了我国商业银行境外黄金交易的主要目的是套取利润和转移风险，那么套利的机会和转移风险的需求肯定是来自国际和国内两个方面。商业银行国内市场上的交易风险一定要向国际市场转移，也需要向国际市场转移，因为局部市场的风险只能在更大的市场中得到化解，风险转移产生的套利机会也要在国际黄金市场上落地，这就是国内黄金市场与商业银行境外黄金业务的关联性。也就是说，国内黄金市场与国际黄金市场的任何不同步都可能使两个市场产生套利的机会，而促进商业银行境外黄金交易的发展，两个市场同步性的提高则会减少商业银行境外黄金交易，当然这仅是其中的一个因素，商业银行境外黄金业务的减少，还与国际黄金市场相对平稳、投机减少有关。但国内黄金市场的发展是商业银行境外业务重要的影响因素，国内黄金市场愈发展，其国际影响力愈强，因而商业银行的境外黄金业务也是发展我国国内黄金市场的需要。我们对两者的关联性要关注，要研究，这是我国黄金市场国际化产生的一个新问题。

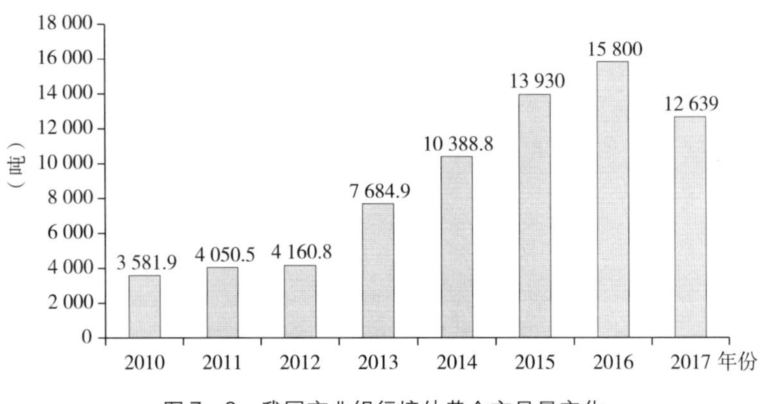

图7－3　我国商业银行境外黄金交易量变化

资料来源：《中国黄金市场报告》（2011—2018）。

第八章 创新的黄金消费需求

经过数千年的发展，黄金成为一种具有商品和金融双重属性的金属，人类文化塑造的黄金社会属性具有历史的传承性和恒久性，所以黄金的这种双重属性一直没有变化，变化的是人类对黄金的管理模式，或管制或市场化。也正是人类黄金管理模式的变化影响了黄金的流通模式，并且影响了人类使用黄金的方向及使用的广度和深度。黄金市场化使黄金的使用由官方垄断变为了官民共享，从而扩大了黄金的社会存在，使黄金的使用广度和深度都有了极大的扩展，其中对黄金消费领域的影响尤为深刻，或许这才是黄金市场化对黄金社会功能本身带来的最大变化。

黄金消费需求是随着黄金管制的解除而激发和挖掘出来的。国际货币体系是以美元为中心货币，所以社会流通、使用的是美元，而不是黄金，但美元与黄金以固定兑换率挂钩，以实现美元价值的稳定。黄金的有用性主要表现为支撑美元的价值稳定，所以此时黄金成为财政部（央行）控制的金融资产和外汇支付手段，每年新增加的矿产金也必须交售给国家。因而黄金即使在金融领域中的使用是单一而狭小的，但黄金脱离国家管制成为由民众自由拥有和交易的金属之后，使用也扩大到更广泛的社会层面，黄金不再仅是外汇支付的手段和货币发行的基础，而开始更广泛地用于人类商品消费领域，不断地丰富和美化民众的生活，使黄金消费市场得以发展起来。

我国黄金的市场化推进虽滞后于国际，但与国际的发展方向是一致的，所以我国黄金市场化的实现也带动了我国黄金消费市场的发展。我国黄金消费主要有黄金首饰制造用金、黄金高科技产品用金和黄金工业原材料制造用金。到 2018 年，黄金市场化虽然仅有 16 年的历史，但我国黄金消费市场不仅品种繁多，而且规模已达全球一流，所以这个世界一流的黄金消费市场的出现，也是我国黄金市场化改革的重要成果。

黄金首饰制造用金需求

黄金首饰消费是人类历史悠久的黄金消费方式，我国发现的最早的黄金首饰是在甘肃火烧沟出土的金耳环，距今有 3 600 多年的历史，而国际上黄金首饰的历史起码要再向前追溯 1 000 年。20 世纪 70 年代黄金非货币化以后黄金货币需求萎缩，黄金首饰制造成为黄金使用量最大的领域，20 世纪后期首饰用金量已达到全球总用金量的八成左右，1993—2000 年的年均用金量为 3 497. 8 吨，为全球总需求量的 77. 74% 。新世纪的首饰用金占比有所下降，但仍居用金量的第一位，2010—2017 年年均占比为 52.48%，年均用金量为 1 835.8 吨。占比下降了 25.26 个百分点，用金量下降了 1 662 吨。我国黄金首饰市场的开放早于黄金市场的开放，但黄金首饰市场的发展得益于黄金市场的开放，黄金市场开放以后，黄金供给不足的束缚得以消除，黄金首饰需求增长明显加快。2013 年我国黄金首饰需求量 716.5 吨的规模超过了多年全球冠军印度的 634.3 吨，成为全球黄金首饰需求的新冠军，到 2018 年已保持了 6 年。

我国黄金首饰市场发展的再出发

我国黄金首饰市场的恢复早于黄金市场的建立，甚至早了 20 年，我国黄金首饰市场的恢复是 1982 年，而黄金市场的建立是 2002 年。我国恢复黄金首饰市场的背景是，1979 年我国施行改革开放政策，将改革僵化的商品计划价格机制提上了改革日程，而撬动商品价格市场化的改革引起了 2 位数的通胀，所以抑制通胀成为当务之急，而恢复黄金首饰市场则是当时抑制通胀的一项措施，从而也拉开了我国黄金首饰市场发展的大幕。

清末，当时的中心城市，如沈阳、北京、上海聚集了一定数量的黄金首饰生产品牌企业。但 20 世纪 50 年代的公私合营使这些品牌企业大多消失，首饰生产企业也都合并到工艺美术行业而不再有独立的黄金珠宝首饰行业。

1962 年，黄金首饰市场的中断更使黄金首饰加工业进一步萎缩，因而我国黄金首饰业发展出现了断层，即1982年拉开发展的大幕是我国黄金首饰业发展的再出发，但这次再出发并不能说时机很好。1982年我国恢复黄金首饰供应的目的是抑制通胀，而非发展黄金首饰业。当时黄金首饰业发展遇到了两个瓶颈，一是购买力瓶颈，这是一个受民众收入影响的黄金首饰购买力的问题。开始解决温饱问题的中国民众消费能力不高，那时黄金首饰还是一种奢侈品，为此20世纪90年代初我国还对黄金首饰征收了消费税，以抑制消费。二是黄金原料瓶颈，供给黄金首饰加工企业的黄金原料紧张，除1985年国家出于回笼货币的目的一次投放了一百吨黄金外，之后始终没有改变严格控制黄金民用的政策取向，每年的供给指标只有数吨。而这两个发展瓶颈的存在制约了我国黄金首饰市场的发展。

1982年我国仅有黄金首饰加工企业38家，而当时全部首饰加工产生的工业产值还不足8 000万元（7 911万元），其中有4 539万元（57.4%）是出口加工收入，国内市场仅有3 372万元的规模，因而我国黄金首饰市场是在一个规模极小的基础上起步的。那时的黄金首饰零售业主要服务于国外旅游者和华侨。而到了1990年，定点黄金首饰加工企业虽由10个发展到了95个，创造的销售收入达到了14亿元，但每个企业平均规模也仅有1 474万元，以当时的配售价计算，每个企业平均加工规模也只有100千克左右，所以经过多年发展的黄金首饰加工业基本上还处于手工作坊阶段。但物以稀为贵，受传统的黄金文化影响，黄金首饰被定义为财富，所以以重量计价而不是以做工、款式定价，重含金量而轻工艺，所以当时黄金首饰的低品质就不足为奇了。

我国黄金首饰业发展在20世纪90年代中后期出现了一个新情况，就是作为中国香港十大工业部门之一的黄金首饰加工业开始内迁，逐步在深圳形成一个黄金珠宝加工业基地，现在深圳珠宝业规模占全国总规模的七成以上。香港首饰加工业之所以内迁，首先是因为我国改革开放，我国的人口红利得到释放，人工成本低廉；其次是因为中国内地居民对黄金首饰需求的增长。黄金首饰需求增长的前提是居民收入的增长，居民收入增长的一个重要观察指标是居民的个人存款。1980年居民存款余额仅有200亿元，而到1990年已到8 000亿元，增长了40倍。中国内地黄金首饰市场发展条件开始成熟，中国香港首饰业发现了这个商机而开始在内地设厂，而深圳得地利之先成为香港首饰加工企业落户内地的首选，但先驱者很多失败了，成功者是后来者中的佼佼者，原因是当时仍处于黄金管制阶段，一些企业无论是获得牌照，还是获得原料，都出现了打“擦边球”的不规范行为。最后是因为金价持续下跌，发展的外部环境比较差，但随着中国内地黄金首饰市场发展环境的逐渐成熟，又有新的进入者，所以新世纪初在广东番禺和深圳逐渐形成了两个黄金珠宝首饰加工企业聚集区。番禺是以来料加工为主的外向型企业集群，而深圳是以国内市场为主的内向型企业集群。外向型番禺来料加工企业在内地市场条件欠缺时，较深圳黄金首饰企业有一定发展优势，但是内向型黄金首饰企业是内地市场发展机遇的最大获得者，所以番禺黄金首饰业之后的发展远逊色于深圳，特别是黄金管制解除后，内地市场进步迅速，深圳成为全国黄金珠宝首饰的设计、加工、物流中心，黄金首饰业成为深圳的一个特色产业，而番禺的黄金首饰加工业则开始萎缩，风光不再。

2000 年中国人民银行在黄金管制尚存的情况下，批准深圳支行开展黄金寄售业务，即利用深圳自有外汇进口国外黄金，再销售给深圳用金企业，这项业务的开展极大地缓解了黄金首饰业原料短缺的矛盾，深圳因为有了黄金原料供给优势而吸引了内地黄金首饰企业纷纷迁入，这是深圳黄金首饰业的扩张期，可以说深圳收获了我国黄金市场化的“第一桶金”。在黄金市场筹备期，深圳并没有积极争取，可能是既得利益拖了后腿。之后，深圳也表达了申办黄金市场的意愿，未能如愿而花落上海，上海成为我国黄金交易中心，但因黄金首饰企业集中在深圳，最终七成的黄金出库量流向了深圳，八成的黄金在深圳完成加工，所以深圳虽不是我国黄金市场所在地，却是我国黄金物流中心。黄金首饰深圳生产基地的形成完成了我国黄金珠宝首饰业的一次蜕变，黄金珠宝首饰业布局完成了一次历史性调整，一个世界级的黄金珠宝业在深圳崛起，但这个过程充满了曲折。

黄金首饰市场走过了寒冬

1982 年我国恢复黄金首饰供应时，我国还处于财富短缺时代，黄金首饰被赋予了财富炫示的文化功能，所以消费者追求黄金首饰的纯度，不满足于足金，还追求万足金，因而黄金首饰论克卖，而不讲究款式和做工，极大地削弱了黄金首饰的文化内涵，虽满足了民众对黄金首饰从无到有阶段的消费需求。当进入全面建设小康社会的新世纪，民众财富日益增多，在解决了财富“有”的问题之后，就提出了“好”的问题，但只能满足民众“有”的需求的黄金首饰市场便遭受冷遇，所以黄金首饰市场发展需要文化再定位，即黄金首饰市场发展需要文化再造，而使黄金首饰市场文化再造变得急切的直接原因是白色铂金首饰的兴起。

白色首饰的异军突起

虽然首饰材料众多，但黄金是各种首饰的基础材料，使用非常广泛，因而黄金首饰一直是我国首饰大家族中的老大，但这一地位在 20 世纪末至 21 世纪初遭到严重的挑战。铂金首饰的兴起，使我国首饰市场一下从“金灿灿的秋天”变为了“白皑皑的冬天”。

英国黄金矿业服务公司对我国黄金首饰市场进行了长期跟踪观察，它发布的观察结果是，从 1999 年开始我国黄金首饰需求量持续 4 年下降，2002 年比 1998 年的黄金首饰需求量由 243. 3 吨下降到了 199. 6 吨，下降了 18%，而且一直到 2006 年才恢复到 1998 年的需求水平。当时又遇金价持续下跌，在需求与市场的双重压力下，我国黄金首饰市场发展走了一个“V 字形”，但我国整体的首饰市场在此期间呈现的却是一个持续增长的大势，为什么独有黄金首饰需求出现萎缩呢？又是谁填补了由此产生的市场空间呢?

与黄金首饰消长形成逆向运动的是铂金首饰，铂金首饰填充了当时的首饰市场空间，是拉黄金首饰走下婚饰老大地位的“罪魁祸首”，铂金首饰是如何做到这点的呢?

铂金首饰是1994年才在中国首饰市场亮相的，当年的市场需求量为0.47吨，仅为全球需求总量的1%，也仅是我国黄金首饰当年需求量的0.24%，它完全是市场上的一种边缘性产品，一开始并没有立即得到中国消费者的认可，但使我们感到惊讶的，5年铂金首饰增长了36.4倍，由0.47吨增加到了17.58吨，占了全球市场总量的23%。1998年当时我国铂金首饰市场已仅低于日本而居全球第二，而在两年后的2000年需求又增加了77.4%，以31.18吨而居全球之冠，2002年更达到了41.96吨。这种新型白色铂金首饰在我国首饰市场普遍铺开，在首饰大卖场上显示了“白皑皑的冬天”的来临。是什么原因使铂金首饰“咸鱼翻身”的?答案是文化。

铂金首饰从文化切入

铂金首饰是一个地道的舶来品，而前导者是世界铂金协会。世界铂金协会与世界黄金协会类似，是以铂金生产者为会员的推广铂金应用的国际性组织。但黄金与铂金在人类社会中的地位不同，黄金经过人类长期文化的塑造，其商品与金融双属性已得到认可，即使中国民众已与黄金隔离了半个多世纪之久，黄金作为一种货币金属的概念仍很深刻。铂金不同，虽然它比黄金稀有，但多数是做催化剂材料而在工业上应用，一般民众与铂金直接接触的并不多，它更多是被视为一种像不锈钢的金属，与人类没有任何的文化联系。如何让民众接受铂金首饰呢？首先就要建立铂金首饰与人类的文化联系，所以与世界黄金协会进入我国首先是推动我国黄金市场化政策的形成不同，世界铂金协会进入我国首先是宣传铂金消费文化，从铂金首饰文化定位切入，打开我国铂金市场需求局面。

世界铂金协会为了改变铂金的冰冷感，因其颜色而定位于纯洁和水，为了提高铂金的高贵感而与钻石结合，请著名明星代言，用铂金镶钻首饰对人类的爱情做出最完美的诠释：纯洁无瑕而且柔情似水，长久到永远。这一文化创意通过投入大量广告而成为时尚，“钻石恒久远，一颗永流传”成为当时的流行语，打动了将要进入婚姻殿堂的新人，使冰冷的铂金从被拒绝变为被接受，并且成为婚饰的首选，而黄金婚饰定位于财富，被日益富裕的人群视为俗气且有婚姻是金钱买卖的象征而被扬弃。于是一些零售企业转而大力宣传铂金镶钻婚饰，专营铂金首饰，它们为此还调整了店面布局，所以“黄澄澄的秋收景象”消失了，变为“白皑皑的冬天”景象。其实全球铂金首饰市场发展并不普及，全球有较大规模的铂金饰品消费的只有我国和日本，我国铂金首饰市场规模2002年达到了全球总量的53%。但是世界铂金协会仅在我国成功打造了一个新的铂金需求市场，并对全球铂金生产产生了全局性的影响，使2001年铂金价格比1996年上升了33.1%，而同期黄金价格则下降了30.12%。1996年铂金价格是黄金价格的1.02倍，而2001年铂金价格已上升到黄金价格的1.95倍，从而创造了铂金的一个黄金时代。

世界铂金协会的成功也得益于我国市场化的推进，2002年10月上海黄金交易所才挂牌营业，2003年8月铂金就成了上海黄金交易所挂牌交易的品种，而之前的6月我国宣布了免征铂金交易环节的增值税，因而铂金首饰生产既没有遭遇生产原料供应之困，也没有遭遇政策壁垒之苦，所以在没有任何铂金传统文化积累的情况下，我国很快出现了一个新兴的铂金首饰市场，这一案例显示了强大的文化力——一种可以塑造人类消费行为的力量。

世界铂金协会对铂金镶钻婚饰文化创建的成功，并没有进一步推广延伸，带来铂金首饰的更大突破，使铂金首饰市场得以进一步发展，相反在2002年之后铂金首饰开始萎缩，可见一个产品的成功并不一定意味着全局性的颠覆，之后我国首饰市场又恢复了“金灿灿的秋天”，黄金首饰又成为首饰市场的头牌。原因有二：一是黄金首饰在进步，“秋天”的回归是自身进步的结果；二是铂金首饰没有新的突破就会退步，而停滞的结果是市场的丧失。在停滞了10年之后，最近世界铂金协会推出了铂金投资金条，但另辟蹊径地扩大铂金的社会功能，使铂金由商品属性向金融属性扩展，将是一个漫长的文化培育过程，且存在着巨大的不确性。

世界黄金协会也在行动

世界黄金协会进入我国，与后来者世界铂金协会同样是以开拓中国市场需求为宗旨，这两个国际组织有众多相似之处，而在同一个市场做两种不同金属的市场需求拓展实际是存在着竞争关系的。它们虽对各自的行动都不公开评论，但也会有一种潜在的比较借鉴心理。中国首饰市场这场从“秋天”到“冬天”的变局，对世界黄金协会形成了压力。因为此时世界黄金协会已进入中国 10 年，中国从业者已把它视为自家人，而它也把中国从业者的事当作自己的事。那时进入我国做贵金属市场拓展的国际组织有多个，但与我国首饰从业者联系更为密切的是世界黄金协会。事在人为，在这里我要讲到世界黄金协会的两个人，一是郑良豪，曾任亚洲区总经理，是世界黄金协会董事，2017 年退休后又创立了新加坡贵金属协会；二是王立新，他是世界黄金协会北京办事处元老级人物，1995 年加入世界黄金协会，中间因故离职 3 年，2014 年回归，现任世界黄金协会北京办事处总经理。他们的坚持与热情、认真与真诚、负责与担当，在应对黄金首饰市场萧条的行动中有充分体现。

黄金首饰市场出现萧条，表明消费者对传统黄金首饰产品的扬弃，所以黄金首饰市场必须进行黄金首饰产品的创新，以重新赢得消费者的青睐，这是黄金首饰市场走出萧条的关键，但黄金产品创新从何切入要颇费心思。前面我们已介绍了我国黄金首饰市场是为抑制当时出现的通胀而恢复的，从 1982 年到新世纪初的 20 年我国黄金首饰市场发展主要围绕解决民众黄金从无到有的需求而展开的，而 20 世纪 90 年代末黄金首饰市场遭冷遇，民众对黄金首饰从热到冷的变化反映了我国黄金首饰消费者的文化消费选择发生了变化，也标志着民众追求黄金从“有”到“好”的阶段的开始。应对这种变化，我国黄金首饰从业者缺乏经验，而世界黄金协会拥有国际视野，应对我国黄金首饰市场变化的视野更宽，有更多的经验，所以它在应对黄金首饰这次变局时更多充当了我国黄金从业者的引导者和前瞻者的角色。

如果说世界铂金协会成功地推出了铂金镶钻婚饰，那么世界黄金协会在中国市场推出的第一个黄金首饰产品是喜福金饰，这是一种大克重的传统足金首饰产品。传统足金产品的文化定位是财富，拥有和佩戴足金首饰显示富贵，但为当时日益追求精神时尚的婚饰消费者不屑。难道财富真的就不重要了吗？当然重要，只是不再适合在婚姻中过度宣示，因而喜福金饰不是改变黄金财富的文化功能定位，而是由诠释爱情转变为新人父母的财富赠予，它是给女儿准备的嫁妆，表达的是父母对儿女长大独自前行时的忐忑与不舍等感情。这种调整意在诠释黄金的新故事，为足金首饰注入新生命。喜福金饰这个品牌的诞生，最大意义是我国黄金首饰市场开始迈出了文化兴金的第一步。

世界黄金协会推出的第二个黄金首饰产品是K金时尚金饰，这是低含量的K金系列产品，这一系列产品面向的是日益追求时尚的首饰消费者。K金产品着重款式设计的时尚化、加工制作的精良化、色彩搭配的多元化，因而我国黄金首饰出现了彩金这样一个新品种，它一改过去黄金首饰款式呆板和色彩单一的传统形象，成为我国时尚首饰的开山之作。黄金首饰时尚化也改变了我国以重量买首饰的传统而以件计价，在很大程度上是将黄金首饰消费由买黄金变为买文化。当时黄金首饰时尚化的先驱是意大利，所以世界黄金协会为推动中国从业者与意大利从业者的交流，每年都组织从业者参加意大利珠宝首饰展。我国从业者学习能力极强，所以很快就建立了为意大利厂商代加工部件、部件互换、代客加工的合作关系，成为我国黄金首饰时尚化的助推剂。K 金首饰对于我国黄金首饰文化转型具有破冰的意义，现在 K 金首饰已是我国黄金首饰体系的重要组成部分，市场占比由 10% 上升到了 30% 。重要的是，它促使了足金首饰时尚化向前迈出了一大步，使我国黄金首饰发生了脱胎换骨的变化。

文化兴金的新高度

2002 年我国放开了黄金管制，又有幸运之神光临，放开黄金管制之日恰是市场牛市来临之时，我国黄金首饰市场发展的外部环境出现了极为有利的因素，而内部又走上了文化兴金之路，因而我国黄金首饰市场的发展进入了一个新阶段——一个攀登和超越国际高峰的阶段。重要的标志是 2003 年我国黄金首饰市场结束了从 1997 年至 2002 年市场需求持续下降的困难时期，进入了一个发展期，市场需求回升。虽然开始的一段时期回升得很慢，但到了 2008 年黄金首饰需求量已达到 324. 4 吨，需求量先后超过传统黄金首饰生产需求大国意大利和土耳其，而居全球黄金首饰需求量第三，之后需求增长明显加快，2013年的需求又增长了1倍多（109.25%），达到了716.5吨，超过印度而居世界之首，到2018年已保持了6年世界第一。规模全球第一的黄金首饰市场的形成是我国黄金市场化的重要收获。

无论是我国新兴铂金首饰市场的出现，还是传统黄金首饰市场的振兴，都有一个共同的要素——文化。我国黄金首饰市场一路走来，一直是重视资金、产品、设备而轻视文化，从业者在黄金首饰市场危机中终于明白，发展危机始于文化危机，而走出危机首先要重塑文化，因而我国黄金首饰市场开始了文化转型，传统与时尚接轨，回归黄金首饰的文化属性，这一努力使我国黄金首饰的品质有了质的飞跃：做工日益精细，设计日益时尚，品种日益繁多。市场日益细分，产品日益个性化，产品的多样化已超越功能的多样化，即使一件功能相同的首饰也有不同的文化内涵，黄金加工企业可根据不同的文化内涵进行差异化设计和生产适合不同年龄段、不同职业、不同使用场景的首饰，现在黄金首饰的多样化不仅是形状和花色的差异化，而且有个性化文化的呈现。特别是我国的硬金技术，可用很少的黄金做出体量很大的挂件和饰物，用金最少时只要0.1克，极大地提高了黄金的表现力。

现在我国已不仅是全球需求量和生产量最大的黄金首饰市场，而且是铂金首饰、白银首饰、宝石首饰的重要生产中心，已经可与意大利、比利时、日本这些传统的首饰生产国比肩，甚至超越。我国黄金首饰消费市场已走到了全球的最前列。

黄金高科技产品用金需求

黄金文化历史悠久，但财富、装饰是黄金数千年来最为主要的两个功能，要么藏起来，要么戴出来，因而用途相对单一。黄金需要创新，但一直进展不大，现在黄金的这一短板有了弥补的可能，这就是技术进步带来的黄金在高科领域的应用。

黄金由于导电性和抗腐性的特点成为极端环境中工作的高科技电子产品制造的唯一选择，所以黄金在高科技电子产品上的使用已成为当代黄金的一个日益重要的使用方向，也可以说人类的技术进步不断拓展了黄金使用的广度。近 10 年，全球这个领域的用金量已占全球总用金量的 10% 左右，约达 320 吨。黄金主要用于制造芯片、电子器件、计算机、手机及高端仪表，专家指出："如果没有金表面涂层，电子、电信、电子计算机也不会存在"。这些芯片、器件、仪表用于航空、航天、核电、运载火箭、计算机等领域高科技产品的生产。黄金元素在一般情况下十分稳定，但当它被微细粒化以后，对某些元素十分活跃，因而金催化剂、金同位素以及金净化剂开始逐渐出现，这些金产品在医疗、环保方面有广泛应用，被视为现代高科技产业必不可少的原材料，我们可以将黄金比喻为高科技电子工业的"稀土"。

我国黄金用于高科技领域是新世纪之后出现的新情况，这一情况的出现有 3 个原因：一是我国高科技产业发展，配套电子器件需求增长；二是黄金管制放开，在黄金管制体制中黄金的工业应用被严格限制，放开管制后工业用金才有了供给保障；三是我国技术进步，原来不能生产的现在能生产了。所以，我国出现了一个新兴的高科技黄金产品加工业。虽然在高科技用金方面我们有了进步，但我们还不是核心技术的掌握者，掌握者是境外投资者，他们借我国放开黄金管制之机，开始在我国建立电子工业用金产品生产企业。现在日本田中、德国贺力氏、瑞士美泰乐等国际百年老店都在我国设立了工厂。由于工业用金在黄金管制时被严格控制，所以2002年以前我国只有科研单位在实验室里生产了少量的工业用金产品，规模生产基本是空白，因而境外投资者是我国高科技电子用金产品生产的拓荒者，而我们本土企业是跟进者，且缺少自己的核心技术，这是一个需要补课的领域。

美国《CPM黄金年鉴》的数据表明，我国高科技电子用金产品生产规模持续增长，由2008年的35.6吨增长到2017年的76.8吨，增长了1.16倍，为当时全球高科技电子工业用金总量的23%，仅次于日本，居全球第二。2017年与2016年同比又增长了20.9%，而日本近年来是持续下降的，我国增长趋势没有变，所以我国未来具有冠军潜力，这是我国增长很快的一个黄金市场。但高科技电子工业需要的黄金不是初始状态的金锭，而是用高科技手段加工生产的高科技黄金部件或组件，所以黄金高科技产品生产应细分为一个独立的工业部门，这是一个我国黄金市场化之前没有的新兴工业部门。

工业金原料生产需求

我们如果在一个更大的范围内认识黄金的工业使用需求，会发现高科技电子领域仅是黄金工业使用的一个领域，黄金还在多个工业领域得到使用，但使用的都是经加工的黄金原料产品。金锭是黄金在人类现实社会存在的初始状态，而黄金工业原料产品是经过加工，改变了金锭形态和品质的黄金的现实存在。黄金工业原料的存在形态总体分为固态形态和液态形态，而固态形态的黄金原料有块状、箔状、丝状、粉状，液态黄金工业原料产品有浆状、膏状、水状。这些黄金原料产品不仅改变了金的形态，也改变了品质，黄金形态和品质的变化扩大了黄金的使用领域，使黄金成为其他工业部门生产的原料，这是黄金商品属性的外展，所以我国黄金市场化不只是交易方式的变化，还带来了新产业的诞生。黄金工业原料加工业便是一个新兴的产业，在我国也仅有 20 年的历史。现在，我国黄金工业原料产品已有很多个品种。

1. 金盐。一种金化工产品，学名为氰化亚金钾，用于物表面镀层和电子线路板生产，是我国目前用金量最大的工业用金产品，每年的用金量超过 30 吨。山东招远已是我国金盐的最大生产基地。

2. 金丝。当代加工技术可将黄金拉成比头发还细的金丝，这是生产集成电路广泛使用的一种基础性材料，但现在使用的不是纯金丝，而是含有其他微量金属的合金丝，所以有不同的配方，多是专利技术，年用金量达20吨。

3. 金箔。机械或化工的方法可将黄金加工成比蝉翼还薄的箔状物，主要用于装潢，我国具有金箔生产的悠久历史，南京是传统的金箔生产基地，每年用金量约2吨，已出口到40多个国家。

4. 金粉。现代加工手段可将黄金加工为超细粉状物，金粉是制作金浆、金膏、金液、金水的原料，而这些金制品又是用于电子、印刷等行业的基础性原料。

5. 金浆。金浆是随着电子尖端技术和整机微型化发展起来的新材料，是运用微电子技术的重要材料，是厚薄膜混合集成电路、微型元件及表面组装技术的基础，在当代电子工业中占有重要地位。我国金浆多靠进口，在金浆方面我国还有许多生产技术的空白。

6. 彩金。黄金中加入其他金属就会发生颜色变化，这种具有不同金属含量、不同颜色的黄金被称为彩金。彩金丰富了黄金的表现力，在黄金首饰生产中得到广泛使用。它改变了传统黄金首饰的表现呆板的问题，其与黄金的搭配增加了时尚性。

7. 硬金。黄金的硬度偏软而影响黄金在某些方面的应用，硬金就是通过现代工艺增加了硬度的黄金。在符合金含量的条件下，硬金比纯金的硬度提高了1倍，因而硬金极大地改进了镶嵌的牢固度，可以制作成极小超薄的金制品，所以硬金已在我国首饰业中得到广泛应用。

8. 金靶材。集成电路日益复杂，对导电性能的要求越来越高，因而推动了新技术的发展，溅射技术就是其中之一。溅射技术是在真空状态下借助电场作用高能离子体，将金属直接覆盖于基材表面成膜。使用溅射技术把金属覆盖于基材表面就需要金靶材，这又成为黄金在电子工业中的一个重要应用。

9. 金合金。在黄金中加入其他金属元素就是金合金，这样可以改变黄金的特性，从而扩大黄金的应用。主要的金合金有金镍合金、金银合金、金铝合金、金铁合金等，因有了新元素的加入，金性能发生了变化，所以可以成为电子工业、仪表工业生产软性部件、弹性部件和滑动部件的选择。

10. 金膏。金膏是有导电性能的膏状金制品，其功能是涂在非导电体加热固化成为电路中的导体或电阻，因成分不同有多种金膏，金膏中含有多种金属，其他金属含量一般为5% ~12% 。

11. 金催化剂。金属有惰性化学反应，但分布在特定的载体上，与某类物质化学反应呈活泼状态，因而黄金可作催化剂，已应用于燃料电池、治理环境污染、净化空气、废水净化中。金催化剂在全球已有上千亿美元的市场规模。

我国黄金工业原料的供应形势是严峻的，芯片发展是当今我国经济发展的一个重要问题，不仅因为芯片已超过石油成为第一大进口商品，用汇超过 2 000 亿美元，而且以美国为首的西方国家掌握着技术的主导权，随时有断供的可能，现在这种情况已经发生，所以我国的芯片产业已是国家倾力发展的战略选择。专家认为我国芯片的设计与国外并无大的差距，关键是制造，制造落后的表现，一是装备，二是材料，仅有 20% 的材料可以满足需求，而绝大多数不能生产，其中包括众多工业金原料，如金浆百分之百需要进口。新科技为黄金需求拓展了日益增多的黄金高科技应用，也为我们提出了新课题。工业金产品生产加工业已远远超越了传统的首饰加工业的服务范围，这是一个新型高科技产业，服务于人类高科领域的发展，因而我们自身也必须具有较强的技术创新能力。现在国际上这方面著名的生产企业，如瑞士美泰乐、荷兰贺利士、日本田中都已进入我国，兴办了自己的企业，成为我国工业黄金产品生产的中坚，并拥有技术的主导权，这是这一产业的现状，还没有引起我们足够的重视。中国黄金产业不仅要有黄金矿业、金首饰加工业，还要有工业用金原料加工业，这是一个新兴的，具有更高的高度、更深的深度和更厚的厚度的高科技领域。

第九章

黄金投资市场缘于发展

黄金是一种具有商品与金融双重属性的金属，我国黄金管制解除后，黄金商品属性得以更充分发挥，我国黄金消费需求迅速扩大，我国出现了一个加工和需求皆为世界第一的黄金消费市场。黄金市场化也激发了黄金金融属性的发挥，因而推动我国出现了一个活跃的黄金投资市场，这一市场的发展主要表现为广度的扩张，而广度的扩张又表现为参与群体的延伸。我国各种黄金投资产品在10多年的时间里已发展到可供不同层次人群和不同嗜好人群进行选择，所以黄金已成为一个最为普遍的民众投资选择的品种。

管制的解除激活了黄金的流动性

黄金因具有特别的金融属性而受到特别的管理，在半个多世纪里被严格管制，也极大地扼杀了黄金金融属性的发挥。黄金消费市场是需要黄金换手交割的市场，而黄金投资市场则更多是需要黄金流转的市场，黄金管制使黄金的流动性近于无，黄金流动性严重萎缩，使黄金在我国金融市场中被边缘化。黄金投资不仅在民众生活中消失，专业的金融学教科书中的相关内容也没有了，所以到2004年上海黄金交易所才迈出我国黄金金融市场建设的第一步，那么如何建立黄金投资市场呢？如何使黄金市场成为金融市场的一部分呢？我们的认识还在朦胧之中，没有人会预想到我国的黄金金融市场会是今天的模样，能引起国际上的日益关注。

黄金市场的金融属性是固有的，一直没有变，所以黄金市场向金融市场的转轨，严格来讲是回归，即回归到当代黄金市场的固有属性。黄金金融属性的实现形式是不同的，与美元挂钩时黄金市场的金融功能是通过黄金供求关系的调整来稳定国际货币体系的中心货币——美元的价值，所以黄金市场追求金价的稳定，一般控制在1%左右，市场交易的标的是实物黄金，那时黄金市场的投机性不强。而黄金非货币化以后，黄金市场稳定美元价值的功能丧失，不再是实金价格的稳定窗口，黄金价格开始频繁波动。从1968年的金价双轨制，到1971年金价并轨的全浮动制，黄金交易市场的参与者也发生了变化，大量以营利为目的的投资者和投机者进入市场，但他们并不是黄金交易的真实需求者，却成了市场发展的主导者，所以黄金投资者交易的绝大部分产品并不是黄金而是黄金衍生品，市场形成的不是黄金物流而是货币流。2008年全球黄金市场完成的总交易量是36.57万吨，而实金的交易量仅为3 682.2吨，实金交易量仅占总交易量的1%，而2017年实金占比更下降到了0.8%。这是因为增加黄金的流动性是黄金投资市场发展的关键，而黄金衍生品交易便捷，更能增加市场的流动性，所以黄金投资市场的流动性主要是通过黄金衍生品交易实现的。我国黄金投资市场的发展同样如此，所以我国黄金投资市场交易标的从实金交易标的向黄金衍生品标的延伸是首先要选择的，因而黄金衍生品交易占比的高低就标志着市场金融属性的强弱。

为了增加黄金市场的流动性，我国要推进黄金投资产品的创新，而黄金投资标的的创新有两个方向，一是实金交易标的小型化，二是交易标的纸质化，在这两个方向上我们都有可喜的进步。

黄金投资交易标的小型化就是在公斤条的基础上微型化，上海黄金交易所的实金标的小型化先是于2004年推出50克小金条，2006年又推出100克小金条，以满足一般个人投资者的需要，但是这一举措产生的影响不大，到2017年50克小金条基本退市，100克小金条交易量也仅为9.2吨，所以上海黄金交易所交易标的小型化基本已被边缘化。同时推进黄金交易标的小型化的还有商业银行，2004年以后首先是工、农、中、建四大国有银行先后推出了各自的品牌小金条，但是交易并没有出现持续增长，目前仅有百吨左右，也呈被边缘化的趋势。但黄金投资标的小型化的努力并没有停止，为黄金标的小型化注入新动力的是互联网大数据技术。依靠互联网大数据技术，现在黄金投资标的已小型化到1克，甚至小型化到0.1克的微黄金，这一产品创新的出现使黄金投资门槛降至百元人民币，因而我国黄金交易标的小型化的影响是实现黄金投资的游戏化，参与者可增加到数亿人，可以说这是人类历史上前所未有的黄金投资创新。当然，任何新技术都有逐渐成熟的过程，微黄金刚出现，还需磨合，但它无疑是一个时代性的创新。

推动黄金流动性增长最大的贡献者还是交易标的纸质化创新，成功者首推上海黄金交易所，2004年上海黄金交易所推出了黄金纸质化标的Au（T+D），这是一种即期递延交易合约，现在已发展成为一个系列产品。2008年的Au（T+D）系列产品的交易量达3 234.02吨，占上海黄金交易所总交易量的72.5%，大大超过实金标的的交易量，标志着上海黄金交易所向金融市场转型的完成。它是上海黄金交易所向金融市场转变的第一大功臣。但因有更多的黄金纸质化创新产品上市，使Au（T+D）产品交易占比下降，到2017年这一系列产品交易量虽已达2.35万吨，但占当年上海黄金交易所总交易量的38.03%，下降了34.47个百分点。

商业银行是另一个主要的黄金交易标的纸质化的推动者，黄金存折（账户）和黄金积存计划是商业银行柜台交易的两个主要交易标的纸质化产品，没有黄金交割运输之烦，黄金投资如同纸币投资。前者可视为存款账户，账户资金变化可通过网络进行调整；后者可视为零存整存，每月存入固定资金，银行按规定买入黄金，到期可提取黄金或变现。Au（T+D）产品面向机构投资者，而这两种黄金纸质化产品是面向个人投资者的，其中黄金存折（账户）占总交易量八成以上的份额。

以上黄金纸质化产品都是即期交易产品，而对黄金投资交易市场影响更大的是黄金远期纸质化产品创新，这方面首推2008 年黄金期货合约在上海期货交易所的上市交易，这一远期合约上市的第一年将我国黄金市场总交易量推高了 4 倍多。商业银行柜台黄金市场是又一个远期黄金纸质化交易产品的提供者，特别是银行间黄金交易使用远期纸质化交易产品，主要有掉期合约和提前销售合约。现在这两个纸质化产品交易量已超过了黄金期货合约。

经过 15 年的发展，我国黄金投资市场双向交易量已达 10 万吨级规模，在交易品种上实金标的品种之丰富全球之冠，实金投资交易量全球第一。国际黄金市场的纸质化交易产品全部都在我国落地，实现了国产化，完成了从实金交易主导向虚拟交易主导的转变，两者交易比约为 50∶1，即实金交易量仅占总交易量的 2% ~3% ，但高于国际黄金市场 0.8% 的平均值，反映了我国黄金市场以黄金产业发展为基础的客观需求。我国黄金投资市场从无到有，再到世界范围内崭露头角，从根本上说是黄金市场化带来的黄金流动性的体现。

我国黄金金融产品创新

流动性是黄金投资市场发展的关键，而产品创新是创造市场流动性的重要手段。我国黄金投资产品创新基本上在两个方向上推动，一是交易标的小型化，降低交易门槛，扩大参与者群体。现在我国黄金投资交易标的小型化已到0.1克黄金。二是以交易标的的纸质化实现交易的便捷化。交易的便捷化不仅可以降低交易成本，还是稳定和吸引投资者的重要方法和手段，目前实现交易便捷化的主要方向是发展网络技术，在这方面我们有自己的优势。

国库储藏的标准金条一般是400盎司的金条，小型化金条一般是1千克以下的金条，黄金标的小型化后，如西方人士评价的那样，我们可以像买面包一样方便地买到黄金。20世纪80年代最著名的小金条是印度的100克“托拉”金条，在90年代末我去瑞士时还看到瑞士银行的工作人员认真包装发往印度的“托拉”金条，而今天我们已把黄金交易标的小型化做到了极致的0.1克。而交易便捷化，除技术进步外，还有交易标的的创新，如标的的纸质化和数字化，也被称为凭证化和数字化。经过10多年的发展，我国已基本上将国际黄金市场上的黄金纸质化、数字化产品全部引入并有了自己的发展，当然纸质化、数字化的产品在中国土壤中成长会有强有弱，并不会同步成长。

投资标的小型化产品

小型化黄金投资标的的主要产品是金币和小金条两大类，金币的上市是在20世纪60年代，早于小金条，而小金条是20世纪70年代黄金管制放开的产物，但现在小金条的需求量已超过了金币的需求量，2017 年全球金币用金量为 256.6 吨，而小金条用金量为 778.3 吨，是金币用金量的 3.03 倍。我国小型化黄金投资标的有以下几种。

投资金币。熊猫金币由央行发行，由中国金币总公司经销，1969 年投放市场，开始只在境外发行，1984 年才正式向境内发行。熊猫投资金币与加拿大枫叶金币、美国鹰扬金币、澳大利亚袋鼠金币、南非克鲁格金币并称为世界五大金币，近年来发行量排五大金币中的第四位，仅高于南非金币，在全球金币需求排序中，排在五六位。2008—2017 年的年均用金量为 20.09 吨，1988—1997 年仅为 4.45 吨。熊猫金币有 28 克、14 克、7 克、3 克、1 克 5 种规格。2018 年熊猫金币在上海黄金交易所挂牌交易。我国金币市场有一定的垄断性和封闭性，所以市场规模逊色于小金条市场。

小金条。小金条是一般市场交易的千克金条的再小型化，规格较多而且都以克计重。小金条俗称“小金鱼”，在 20 世纪三四十年代盛行，后因黄金管制而销声匿迹，之后出现的是央行批准金币公司 1999 年推出的千禧纪念金条。黄金管制解除后，上海黄金交易所于 2004 年和 2006 年分别上市了 50 克小金条和 100 克小金条，在这期间四大国有银行也先后推出了自己的品牌小金条，除商业银行品牌金条外，还有四大黄金集团——中金、山金、紫金、招金先后推出了自己的品牌小金条。基于我国存在的深厚的生肖文化而出现了一种生肖纪念金条，它是将纪念意义的文化需求和投资的物质需求相融合，所以我国出现了一种在固定的时间购买固定数量而不计较价格的特殊小金条投资者。我的一个朋友在他两个外孙女生日时，买入 200 克小金条，作为生日礼物，连续 12 年总计 2.4 千克黄金，实际这是他对孙女们的财富赠予，按现在金价计约为 72 万元。可以说，小金条已是我国普及的一种黄金投资标的，已成为一般民众财富传承和资产配置的选择，这种选择甚至成为一种习惯。

我国金条投资的需求是黄金管制解除后民众家庭财富储藏的需求，后又发展到机构的资产配置需求，所以需求被逐步拉升。2002 年金条需求仅为 2.2 吨，2008 年需求量达到 60.8 吨，而 2017 年是 418.1 吨，增加了 5.88 倍，金条投资占比为总用金量的 23.7%。金条投资需求已是我国民众黄金需求的一个重要方面，是金币需求的 20 倍左右。印度市场的结构和我们的相似，而欧美民众黄金需求的第一选择是金币，因为欧美金币的物流比金条的有更大的便捷性，这是首选金币而不选金条的原因之一。

微黄金。它是由工商银行和腾讯网络公司联合推出的网上交易产品，小型化到极致的 0.1 克黄金，我们在网上设立专门账号后就可以进行买卖。因为门槛极低，中国的 8 亿微信用户可以轻松地在网上进行黄金交易，成为黄金市场的潜在客户。客户在网上可以进行虚拟交易，也可以提取黄金，它是以黄金实物做交易支撑的，因此我们把“微黄金”归类为黄金标的小型化，而不是黄金交易标的的虚拟化，这似乎与“伦敦金”的运作相似。我想腾讯公司推出的“微黄金”产品，黄金只是它的一个名头，实际要扩大互联网技术的运用，因为要处理的交易信息量巨大，巨大信息量的处理是需要网络技术才能完成的。虽然我们拥有的网络技术名列世界前茅，但这毕竟是我国在新技术运用的基础上对黄金交易方式的创新，所以对监管提出了新的要求。一个几亿人参与的交易平台的安全性是必须慎之又慎的，还需完善和磨合，所以平台虽然已正式推出但还未大规模运行，仍处于试运行阶段。

黄金 ETF。如果说“微黄金”的创新是源于我国，黄金 ETF 则是一个地道的舶来品。黄金非货币化以后，黄金需求日益依靠黄金首饰消费拉动，所以世界黄金协会长期以黄金首饰市场的拓展作为工作重心，但世界黄金协会在 20 世纪 90 年代末开始认识到黄金投资需求对拉动黄金需求的重要性，因而在有金融背景的人士中挑选了新的首席执行官，他就是从美国最大的公务员基金首席执行官职位上退休的美国人金博顿，因而如何在现有的金融体制中实现黄金投资的突破就成了金博顿的责任。前面已指出，黄金投资的发展主要是增加黄金的流动性，而增加黄金的流动性就要进行黄金交易标的的虚拟化创新，基于世界黄金协会的黄金生产者营销的背景，这种创新又必须与相应的实物黄金相联系，这就是黄金 ETF 设计的缘由。

黄金 ETF 的设计思路是将 1 盎司黄金分为 10 份并证券化，在证券市场上流通交易，相应的黄金储存在第三方，以保证对应黄金的真实性，第三方一般是将黄金储存在具有良好安全性的国际银行。拥有黄金 ETF 的投资者可以在证券市场上买卖黄金 ETF，进行盈亏结算，如退出，可取走所持有黄金 ETF 对应的黄金。投资者交易手续费则由 ETF 的发行者、证券公司和黄金存储银行按比例分配。因为世界黄金协会是全球最大的黄金 ETF 的发行者，所以这只黄金 ETF 的手续费收入占其经费的 2/3，大幅度减少了会员的会费。

黄金 ETF 原定在美国上市，但澳大利亚走到了美国的前面，澳大利亚成为第一个黄金 ETF 上市的国家。黄金 ETF 上市后反应热烈，英国、法国、意大利、美国、德国、新加坡、瑞典、土耳其、荷兰、印度、瑞士等多个国家先后上市了多只黄金 ETF，拥有的黄金量最高时突破了 2 000 吨，但 2013 年之后连续 3 年下降，2016 年反弹增长，2017 年又出现下降。2013 年我国先后推出了 3 只黄金 ETF，分别是国泰基金、华安基金和易方达基金，募集资金为 4. 1 亿元、12. 08 亿元和 5 亿元。我国的黄金 ETF 的规模并不大，对具有许多优点的这个创新之作，我们要深入了解，许多市场推广工作也需要我们去做。

投资标的纸质化产品

黄金交易标的纸质化也是基于交易的便捷性，与交易标的小型化的差别是没有实物交易标的的标准化要求，黄金纸质化就是持有黄金的凭证或账号。黄金纸质化交易标的有黄金凭证、黄金存单、黄金借据、黄金存折和黄金积存等，有些纸黄金可以兑实物黄金，也有不能兑换的。目前，我国纸黄金只有商业银行推出的黄金账户和黄金积存。

账户金。这是一种面向一般民众的纸质化黄金投资产品，投资者设立资金账户后可在商业银行柜台黄金交易平台上根据商业银行的报价买入与卖出黄金。黄金账户可产生盈亏，但不可提取实物黄金。这是目前商业银行最大的自营黄金业务，但上市以来交易量波动比较大，2013 年到 2014 年从 2 019. 2 吨下降到 988. 7 吨，下降了 51. 04%，2017 年回升到 2 130. 8 吨，创此项业务的最高历史纪录，占当年银行自营业务总量的 26. 39%。

黄金积存。我们可以把黄金积存理解为一个零存整取的账户，在一个规定的时间内存入固定的资金，由银行按规定分批买入黄金，这样在黄金积存账户中减少存入的资金，而相应增加购入的黄金，到期累计的黄金可提取，也可按市价折款变现。我国的黄金积存是 2009 年由工商银行推出上市的，上市第一年交易量仅为 0. 54 吨，而 2014 年达到了 594. 24 吨，为上市以来最高的交易纪录，但 2017 年下降到 201. 85 吨。黄金积存也是一种舶来品，最早诞生在日本，但它很快成为一种流行的黄金投资方式。

实物借贷抵押产品

这类产品是不进行黄金所有权让渡而产生黄金流动性的投资标的，之所以不转让黄金所有权还能产生流动性，是因为有些人只需要获得暂时的黄金使用权，不需要拥有黄金的永久所有权。

黄金租借。这是金融机构按照一定的租借利率将黄金的使用权转移给产金企业和用金企业的行为。产金企业之所以需要租借黄金是为了扩建厂房或获得生产流动资金，然后将生产的黄金归还给出租方。而黄金加工企业之所以需要租借黄金是为了低成本地获得生产原料，然后将自己生产的产品变现后用变现的资金购买黄金归还给贷金方。由于黄金租借利率一般都低于资金利率，所以黄金借贷是降低企业资金成本的路径之一，也是规避价格风险的有效手段，因此，有日益增多的企业进入了黄金租借的行列，使我国黄金租借市场有了爆炸性的增长，2005 年全年黄金借贷规模仅有 2.21 吨，而 2017 年达到了 2 994.65吨，增长 1 354 倍。

黄金拆借。这是金融机构相互之间调节黄金余缺的行为。随着我国黄金市场的发展规模日益扩大，金融机构间的黄金拆借行为也日益频繁，2007 年拆借量仅有 1.2 吨，之后的 10 年是黄金拆借量持续增长的 10 年。2017 年黄金拆借量已突破千吨，为1 216.6吨，但同比下降了 2.09%。

黄金抵押。这是一种以黄金置换资金的行为，即以黄金所有权暂时丧失为条件换取资金的使用权，然后再赎回，多是在资金发生短缺的紧急情况下的应对之策，故发生的概率远小于黄金租借和黄金拆借。一般规模仅有数吨，2017 年仅有 0.83 吨，同比下降了 75.64%。

投资标的虚拟化产品

黄金虚拟化产品就是黄金衍生品，是相对于实物黄金而言的，这类黄金交易标的不是为完成黄金的交割和实现实物黄金的拥有，而是为了实现赢利，或转移或规避金价的不确定风险。黄金投资标的虚拟化产品主要有以下几种。

即期递延交割合约。2004 年上海黄金交易所由于向金融市场转型而需增加即期黄金市场的流动性，推出了第一种即期递延交割合约——Au（T + D），之后 3 年先后推出了 Au（T + 5）、Au（T + 1）、Au（T + 2）和 Mini（T + D）等 4 个黄金递延合约，发展成了一个即期递延产品系列。黄金即期递延产品的上市使上海黄金交易所这个即期市场具有了规避价格风险的功能，市场具有了更大的流动性。通过使用即期递延合约，投资者可以在面临风险时延迟交割，从而规避不利的情况发生。为此，需支付递延费，如供大于求，由卖方向买方支付递延费，如求大于供，就由买方向卖方支付递延费，可连续递延，递延费费率是万分之二。这实际上是通过收递延费的办法平衡即期市场的供求关系，而不是向远期市场转移即期市场风险，所以具有中国特色。

即期递延合约对于上海黄金交易所的转型发挥了重要作用，因 2008 年即期递延合约交易占比达到了 72. 5%，成为上海黄金交易所交易的主导标的，标志着上海黄金交易所向金融市场转型的完成。这一年递延产品成交量为 3 234. 02 吨，2017 年已达到 2. 35 万吨，增长了 6. 27 倍，该产品一直是上海黄金交易所发展的主力军。

黄金掉期合约。黄金掉期合约，顾名思义是一个调整履约时间的工具，这种合约与即期递延合约一样具有将现实市场风险后延的功能，不同的是掉期合约是在场外市场交易的合约。所以掉期合约是非标准化合约，是交易双方商定的个性化合约，有更大的灵活性，最大的问题是交易信息由双方控制而缺乏社会的公开性。国际黄金市场的教训告诉我们，信息缺乏公开性会导致诈骗，因而交易信息的公开透明是国际黄金市场改革的目标。而我们的应对之策就是把掉期交易由场外引入上海黄金交易所的场内询价交易平台，进行结算和备案，将掉期交易的过程全部置于透明的市场环境之中。

黄金掉期合约是2011 年由工商银行率先推出市场的，只有几年的历史，第一年的交易量仅有 5. 6 吨，3 年后增长到百吨级，在百吨级维持了 2 年，到 2017 年达到千吨级，为 1 119. 3 吨，同比增长 86. 14% 。这是这一产品上市 7 年的最高值，占当年商业银行柜台总交易量的 13. 86% 。

黄金期货合约。这是我国黄金市场中第一个上市的标准远期合约，是我国黄金投资市场规模的重要拉动者。它于 2008 年在上海期货交易所上市，当年黄金期货合约市场便成为我国第一大黄金市场，一直到 2017 年才被上海黄金交易所超越，但黄金期货合约仍是我国黄金市场的第一大黄金交易标的。2016 年交易达到上市以来的最高值，双向交易量达到 6. 95 万吨，而 2017 年下降到 3. 9 万吨，2018 年又下降到 3. 2 万吨。期货合约已有百年历史，而黄金期货发展于 20 世纪 70 年代，黄金期货合约市场是一个流动性极强的市场，现在纽约商品交易所这一个市场的交易量在 2017 年就达 23.46 吨，而同年上海期货交易所单向交易量才有 3.48 万吨，仅为纽约商品交易所交易量的 14.83%，因而我国黄金期货市场的发展路途还很遥远。

黄金期权合约。黄金期权合约诞生于 20 世纪 80 年代，期权合约是在某一个价位上卖出或买入一定数量黄金的权力，可以行权也可以弃权，如弃权，损失的只是期权费，因而在锁定自己损失的情况下可保持最大的获利机遇。期权合约与期货合约存在着密切关联性，可以说期权是对期货交易风险的防范，因而 2008 年黄金期货合约上市后，期权合约上线已成必然，但直到 2015 年才在上海黄金交易所询价交易平台上试水。当年的交易量为 14.46 吨，2016 年的交易量为 15.79 吨，而 2017 年增长了 72.61 倍，达到了 1 162.23 吨，这种爆发式的增长反映了市场对黄金期权这一产品需求的旺盛。2018 年上海黄金交易所还首次推出了人民币黄金期权波动曲线，为期权交易提供指引。据悉，上海期货交易所黄金远期期权的推出也提上了日程。

黄金提前销售合约。投资者使用黄金期货合约锁定未来金价的不确定风险有以下不便之处。一是根据金价变化保持合约，就必须随时调整保证金，否则就会遭强制平仓，因而必须有充足的资金流做保证；二是黄金期货合约市场交易变化迅速，操作要求很强的专业性，对从业人员专业素质要求很高；三是标准化合约缺少灵活性，不适应变化的要求。能在很大程度上克服以上缺陷的远期合约是黄金提前销售合约。黄金提前销售合约是交易双方以合约的形式在约定的时间，按照约定的价格、交割方式完成一定成色、规格、数量的实金交易。这是一种场外市场交易的远期合约，具有灵活性，可实现合约的个性化，而且一旦签约就不可调整而保证管理低成本和便捷性。所以标准化的黄金期货合约更适合投资者和投机者使用，而黄金提前销售合约更适合黄金生产者和加工商使用。由于我国存在一个居世界之冠的黄金产业，所以对黄金提前销售合约有很大的需求，它已是我国商业银行自有黄金业务交易量的第一名。

首先开展黄金提前销售业务的是中国银行和工商银行，开始时以美元计价，之后才有人民币计价的远期合约。2008 年交易量仅为 178.78 吨，之后基本保持增长势头，2015 年超千吨，达到了 1 488.82 吨，这是该产品上市后最高纪录，之后两年回落但仍保持了千吨级水平，2017 年为 1 294.27 吨。因提前销售合约交易量高于掉期的 1 119.3 吨和期权的 1 162.23 吨而居商业银行自有黄金衍生品交易量的第一名。

从产品创新到平台创新

黄金投资市场发展的关键是增加黄金的流动性，黄金交易标的创新是黄金流动性的推手，每一个黄金交易标的的创新都可以扩展市场的功能而带来新的市场参与者，并带来市场新的流动性。但我国金融市场是分业管理体制，而分业管理的基础是分产品管理，按产品的不同属性划归不同的管理部门，因而分业管理体系是我国黄金产品创新的前提条件。2007 年上海黄金交易所拟上市黄金期货合约，而期货合约是证监会负责监管的产品，这就遇到了监管问题。而黄金又与外汇、货币、证券、期货、大宗商品等众多金融产品存在互换的关系，那么黄金如何通过创新在我国分业管理体制中实现跨界互通呢？为此，上海黄金交易所从产品创新上升到了平台创新，所谓的平台创新，就是努力打造一个不同部门监管的黄金金融标的可共同使用的交易平台，这样就可以在不改变产品分业监管体制的情况下实现黄金跨界流动，从而将我国黄金市场的流动性提高到一个新水平。上海黄金交易所询价交易平台在这方面做出了有益探索，但选择这条道路可能并不是它的有意而为，而是我国分业管理的“制度”使然。

黄金询价交易平台的诞生背景

基于推进平台创新的现实需要，2012 年 12 月 3 日上海黄金交易所与上海外汇交易所联合创建了银行间询价交易平台，而询价交易平台的创建始于我国黄金做市商制度的培育创建。2010 年央行等 6 部委发布的《关于促进黄金市场发展的若干意见》，要求上海黄金交易所将做市商制度引入场内市场。将做市商问题作为我国黄金市场发展的一个问题提出，表明做市商制度是黄金市场的一个重要制度，是场外黄金市场流动性的保证，是黄金远期合约和黄金纸质化合约市场的重要推动者，所以我国黄金市场发展也需要做市商。由于长达半个多世纪与黄金市场的隔离，市场放开后我们没有合格的黄金市场做市商，这是我国黄金市场发展的短板，要培育做市商，建立做市商制度，成了我国黄金市场的一个发展问题。

做市商要面对多空双向风险的压力，所以是市场风雨洗礼后诞生的承担特殊责任的特殊市场成员，我们建立做市商制度，培养做市商，如果走传统的自由竞争的优胜劣汰之路，是以社会资源的浪费为代价的，而且具有很大的不确定性，所以我们选择让做市商在有规则的环境中发挥作用，即要使做市商成长过程中的风险可控，为此，我们就需要创造一个做市商发展的“特殊”市场环境，这就是“无形之手”进行顶层设计，将做市商制度引入场内，这就是2012年12月3日上海黄金交易所与上海外汇交易所联合创建上海黄金交易所黄金询价交易平台的背景。

在上海黄金交易所询价交易平台上，认定的做市商报价，买卖双方自由交易，在场内完成结算过程并进行备案，所以在我国做市商交易机制与国际传统做市商机制下，都是场外市场双向报价的自由交易，不同的是我国要在场内市场完成结算并备案。上海黄金交易所询价交易平台实际是为我国黄金市场做市商的发展提供了一个“特殊”的市场环境，或者说建立了一个黄金交易特区，因而我国黄金市场也产生了一个特有的专有名词：黄金询价市场做市商（场内做市商）。

黄金询价做市商制度的发展

从2012年到2018年，这个具有中国特色的黄金市场平台已运行了6年，并已由银行间的询价交易向外延伸到银企间询价交易、国际板询价交易。上海黄金交易所询价市场发展研究课题组将我国黄金市场做市商发展历程分为3个阶段。

做市商发展起步阶段（2014年7月前）

这个阶段主要是启动银行间远期和掉期交易，为做市商交投提供基础，这是为询价平台进行的产品准备，而制度准备是2013年7月试行黄金远期价格曲线报价团机制，这构筑了做市商报价交易机制的雏形。同年11月，银行间市场交易协会发布《中国场外黄金衍生品交易基本术语》，定义了黄金询价市场做市商的概念，这一概念有着中国式的创新。

做市商发展初始阶段（2014年7月至2015年12月）

这一阶段主要是推进以下多个方面的改革：一是央行发布了《关于建立银行间黄金询价交易尝试做市商制度有关事项的通知》，这就为询价做市商试水奠定了政策基础；二是确定了尝试做做市商的21家商业银行，同步制定了具体的量化考核指标体系，为遴选正式做市商提供了标准；三是推出新的交易产品，在远期和掉期标的之外，2014年7月推出上海黄金询价拆借合约，2015年1月国际板询价品种上线，2015年2月询价实金期权诞生；四是扩大市场的参与群体，2014 年首家券商入市，2015 年两大货币经纪公司入市。日益增多的跨界交易者入市，扩大了询价交易平台的服务基础。

做市商正式推出阶段（2016 年 1 月至今）

2016 年 1 月上海黄金交易所正式启动了银行间做市商制度，确定首批做市商 10 家，尝试做市商 6 家，由国有银行、黄金进出口银行、股份制银行和外资银行组成。做市商制度的建立极大地促进了我国询价交易的规模，当年有 55 家机构参与了交易，累计成交 1.77 万吨，同比增长了 72.83%，比 2013 年上海黄金交易所询价交易做市商准备推出的 1 455.49 吨增长了 1 116.09%。

黄金询价交易平台的意义

2017 年参与交易的机构增加到了 61 个，其中有 47 家是境内外银行及证券公司，另外 14 家为非金融类机构。因而上海黄金交易所询价交易平台搭建的意义已超越了“银行间”，而之所以有这种超越，是因为询价交易平台为做市商提供了特定的发展空间，这个特定的发展空间中的风险控制难度大大低于对全局风险的控制难度，所以可以做更多改革试验，因而银行自营黄金衍生品交易可以在这个交易平台上进行扩展。在询价交易平台建立之前的 2011 年，商业银行自营远期衍生品交易量仅为 139.17 吨，而上海黄金询价交易平台建立后到 2018 年为 4.56 万吨，增长了 326.7 倍。所以询价交易平台的建立，推进了改革，促进了银行自有黄金衍生品市场的发展，这是询价平台建立的意义之一。

黄金询价交易平台是上海黄金交易所与上海外汇交易所联合组建的，询价做市商可以在上海黄金交易所主板报价，也可以在上海外汇交易所平台上报价，所以在不经意之间实现了黄金市场与外汇市场的联通，也使黄金成为机构资产配置的选择。而黄金资产配置是当今出现的一个新趋势，黄金询价交易平台的建立使这一趋势在我国得以实现。上海国利货币经纪公司和上海国际货币经纪有限公司在询价市场中的表现不俗，2016 年这两个货币公司在询价平台上完成的黄金交易量为 0.556 万吨，2017 年增长了 108.63%，达到了 1.16 万吨，分别为当年询价市场总交易量的 31.44% 和 50.66%，为上海黄金交易所总交易量的 11.42% 和 21.36%。这两个货币经纪公司的表现表明了黄金财富机构配置的巨大需求，而黄金询价市场的建立促进了黄金的跨界流动，是黄金资产配置落地的必要条件，这是询价市场的又一重要意义。

黄金询价交易平台的建立促进了我国黄金远期交易的发展，为“上海金”的应用提供了更多的应用场景。“上海金”是在透明机制下进行定价的，这个过程形成了人民币定价，是当今传统伦敦美元定价之外的又一个独立的可进行国际交易的价格，因而“上海金”的诞生具有国际性的革命意义。但“上海金”

只是提供了黄金交易的计价标准，这一价格的使用具有更大的战略意义，因为这是人民币国际化的需要，而国际板询价交易的开通，为“上海金”的使用开辟了市场空间。如果询价黄金期权的衍生品与“上海金”挂钩，离岸人民币使用“上海金”定价作为黄金期货的现金结算价，那么“上海金”还可以在场外基金、理财产品及 ETF 等上得到广泛应用。扩大“上海金”的应用场景是上海黄金交易所询价交易平台的又一个重要意义。

黄金询价市场还有一个重要意义是询价市场的发展改变了上海黄金交易所的交易结构——由即期黄金交易主导变为了远期黄金交易主导。远期询价交易量已超过即期竞价交易量，标志着黄金市场从金融市场的边缘市场向基础市场转变，这是上海黄金交易所的一个重要变化。黄金询价市场的发展也带动了我国黄金市场体系的社会功能的整体提升。

黄金询价市场发展的轨迹

上海黄金交易所询价交易平台是 2012 年 12 月 3 日推出的，当月交易量为 14.31 吨，以此推算全年仅为 171.72 吨，而 2013 年全年交易量为 957.6 吨，之后的 4 年年递增率平均高达 115.12%，发展轨迹几乎可拉成一条向上的直线，一年一个台阶——百吨级、千吨级、万吨级，3 年上了 3 个数量台阶，2017 年交易量达到 2.29 万吨，2018 年达到 4.56 万吨，增长了 99.13%。它在上海黄金交易所总交易量的占比也逐年提高，已由 2013 年的 8.25% 上升到 2017 年的 42.13%，2018 年达到 67.56%，占比增长了 25.43 个百分点，首次超过了传统的竞价交易量。以即期竞价交易起步的上海黄金交易所，即期竞价交易方式一直是其主导的交易方式，而 2018 年被远期询价交易模式所超越，在本质上讲这表明上海黄金交易所交易结构又发生了一次质变。2008 年即期递延合约交易取代实金标的交易成为主导性的交易，意味着上海黄金交易所从黄金商品市场向黄金金融市场的转变，那么远期询价黄金交易取代即期竞价交易成为主导意味着什么？这意味着黄金在金融市场的边缘地位向基础地位转移，表明已有日益增多的金融产品或与黄金挂钩，或以金价做结算价格，或成为货币、外汇、基金、资产市场中的存在，这是上海黄金交易所金融属性的升华，所以黄金市场是金融市场的重要组成部分不再是一种理论上的认定，而是一个客观的存在。

可以作为佐证的是 2017 年上海黄金交易所年报披露了当年在询价平台上完成交易量 2.29 万吨，而其交易量中的 1.47 万吨是在上海外汇交易中心平台上完成的，占比为 64.19%，只有 0.82 万吨，即 35.81% 是在上海黄金交易所主板和国际板平台上完成的，也就是说当年黄金询价交易的近 2/3 不是在黄金交易平台上完成的，而是在外汇交易平台上完成的，这不就证明了黄金已是外汇市场交易的一部分，是外汇市场的存在吗？一个产品的创新可以带来一个市场的规模扩张，而一个交易平台的创新则可以带来一个市场的质变。

第十章 交易方式多元的黄金市场

交易方式是市场结构的一部分，不同的市场结构有不同的交易方式，当今黄金市场主要有两种主导性的交易方式：美国是一个场内黄金期货市场，因而市场交易方式是竞价交易方式；英国是一个场外黄金交易市场，所以市场交易方式是做市商报价交易方式。而对于一个国家来说，黄金市场如果是专业化的单一市场结构，这个国家不仅市场交易标的是单一的，而且交易方式也是单一的。如果是多元市场结构，这个国家黄金市场的交易方式则是多元的。我国是多元黄金市场结构，因而我国黄金市场交易方式就是多元的。黄金交易方式多元化是我国黄金市场发展的重要标志，也是我国黄金市场的中国特色之一。

我国的黄金交易方式有 5 种：竞价交易、报价交易、询价交易、定价交易和租赁抵押。这 5 种交易方式完成的交易量并不相同，2017 年各种交易方式的交易量占比是：竞价交易占当年总交易量的68.24%，询价交易占比为22.57%，报价交易占比为5.02%，租赁抵押占比为2.96%，定价交易占比为1.28%。虽然竞价交易占比超总交易量的2/3，但询价交易增加迅猛，2018年询价交易量比2017年增长了99.13%，由2.29万吨上升到4.56万吨，在上海黄金交易所内已是占比第一的交易方式，占比达到了上海黄金交易所总交易量的67.56%。

场内市场竞价交易

竞价交易是场内市场的交易方式，是上海黄金交易所和上海期货交易所两个场内市场的主要交易方式。上海黄金交易所主板和上海期货交易所黄金期货交易所采用的均是竞价交易方式。竞价交易就是以报价的高低排序，通过电子系统撮合买卖双方成交。但最初报价是在场内由交易员喊价，交易员在市场内把要买的价格或要卖的价格喊出来，通过其他交易员与其喊价产生互动实现交易，并用合约做最终确认，所以过去的交易所很嘈杂，而现在变得很安静，因为计算机技术的发展使报价由喊变为了远程数字输入，通过计算机撮合，交易便可在计算机系统内瞬间完成。场内竞价交易过程透明公正、交易快捷，是当代国际黄金场内市场通行的交易方式。我国2017年竞价交易完成的黄金交易量为6.92万吨，占全国当年总交易量的68.24%，是完成交易量最大的一种交易方式，其中上海黄金交易所竞价完成的黄金交易量是3.02万吨，为当年全国黄金总交易量的29.78%；上海期货交易所黄金期货竞价交易量为3.9万吨，为全国总交易量的38.46%。上海期货交易所是单一的竞价撮合交易方式，而上海黄金交易所已是多元交易方式。交易方式的多元化发展使上海黄金交易所的发展产生了巨大的提升力，是上海黄金交易所规模扩张的主要途径。上海黄金交易所除竞价交易外，还有询价和定价交易，是一个多元交易方式的黄金市场，构成了上海黄金交易所中国特色要素之一。虽然竞价交易在2017年仍是占比最大的交易方式，但与2008年比较，占比下降了28.26个百分点，新交易方式开始对竞价交易方式在市场中的占比产生挤压。

场外市场报价交易

报价交易是场外市场的交易方式，报价交易方式最初是自由报价、自由寻找买家或卖家，效率很低，所以后来逐渐出现了一种同时报卖价和买价，是买家同时也是卖家的特殊市场参与者，即做市商，因而做市商成为场外市场流动性的提供者和市场交易的组织者，但做市商也是市场风险的主要承担者。在一般情况下，做市商既是买方又是卖方，可以进行风险对冲，但市场出现单边情况时承担保证市场流动性责任的做市商也必须双向报价而成为市场风险的最大承担者，所以并不是所有的市场参与者都具有做市商的资格，具有足够的经济实力，且经过多年市场风雨洗礼后，被证明是杰出者，才有可能成为做市商。所以在国际黄金市场上的做市商一般都是由大的国际银行担任，因而场外黄金市场也就成了一个以商业银行为主体的市场。

我国黄金市场是一个后来者，初期还没有经过市场风雨考验的合格做市商。由于这一重要条件的缺失，我国对做市商市场的发展采取了十分谨慎的态度，即有控制地发展。于是，上海黄金交易所将综合类会员中的个人客户向金融机构移交，互联网黄金企业进行合规整顿，我国在积极扶持真正做市商成长的同时，高度警惕假冒做市商的泛起。所以我国商业银行柜台场外黄金交易市场虽然在我国黄金市场体系中是最小的一个市场，创新表现也不尽如人意，但这种谨慎态度使我国黄金市场避免了“一放就乱，一管就死”的发展通病。而我国积极推进做市商制度改革，产生了询价交易方式，这是创新，也是这种谨慎政策的一部分。

做市商场外报价交易是在商业银行自营柜台业务平台上完成的，总的来看，报价交易由 2008 年 356. 55 吨增长到 2017 年的 5 080 吨，增加了 13. 24 倍，但 2013 年至 2017 年的 4 年银行柜台报价交易在总交易量中的年均占比仅为 4. 66%，是一个处于边缘性的交易方式，这与我国做市商制度改革有关。我们并没有大力发展场外做市商而是通过建立上海黄金交易所询价交易平台积极培养场内做市商，大量做市商报价交易是场内完成的，这样自然会影响到场外做市商报价交易量，另外，商业银行柜台黄金市场创新不足也是一个原因。

我国商业银行在国内主要参与上海黄金交易所和上海期货交易所场内黄金交易，而自有的做市商报价交易又主要在上海黄金交易所询价平台上完成，所以商业银行柜台场外做市商报价交易仅占国内交易量的不到5%，而我国商业银行在境外的黄金交易主要是在伦敦场外做市商市场完成的，这是因为已有6家中国商业银行是伦敦市场的做市商，但它们还很少参与纽约场内黄金期货和期权交易。2017年中国商业银行境外黄金交易量为1.26万吨，场外做市商报价市场黄金交易量为1.25万吨（扣除期货和期权交易量），为商业银行境外黄金交易量的99.21%。商业银行境外交易基本上是在场外市场即伦敦黄金市场完成的。

创新的询价交易

询价交易是我国黄金市场的创新，起初是为了推进我国场内做市商制度的建立，而把原来本是场外市场的制度引入场内市场，成为中国黄金询价市场做市商或场内市场做市商，因而这个场内做市商与原来的场外做市商就有了不同，因为此市场已非彼市场。这个市场的交易，仍是由场外做市商报价，但报价增加了一个询价的过程，意在使报价更加透明，报价的形成更加公平，而且交易在场内结算，并在上海黄金交易所备案，这是与传统的场外做市商不同的，是经过改良的做市商，所以被称为询价做市商。询价交易是在竞价、报价之后的又一种新的交易方式，而这一新交易方式是当之无愧的中国创造。伦敦黄金市场做市商制度已诞生百年，但因2013年巴克莱银行金价操纵诈骗事发而崩溃，国际场外做市商制度被迫改革。而2010年人民银行等6部委下发了《关于促进黄金市场发展的若干意见》，就启动了我国场外黄金做市商制度的改革，即要求上海黄金交易所引进做市商制度，因此2011年推出了询价产品，2012年推出银行间黄金询价交易市场，并逐渐形成了我国的询价做市商制度。伦敦场外市场在2015年也进行了改革，是出了问题以后的被动改革，而我们则是主动改革，未雨绸缪的结果是做市商制度在我国不仅没有成祸，反而成为发展的推动力，询价交易已成为上海黄金交易所交易增长最快的一种交易方式。交易信息的透明化是当今黄金市场改革的一个重要课题，我国的做市商入市改革虽然还未使做市商交易信息向全社会公开，但在市场内的公开性已前进了一步，并做到了行动留痕可追索，这就可以对人性的恶产生很大的抑制力而增加市场交易的安全性。

询价交易平台的推出更大的意义是设定了一个特定的面对机构黄金投资者的批发交易新平台，它具有不同于原来的竞价平台的功能品质，所以这个新平台就具有了推进新的改革试验的可能性，因而市场交易的参与者很快超越了“银行间”，除了有小银行、外资银行及证券机构外，还有非银行机构。而更多的非银行机构使用黄金询价市场，表明了上海黄金交易所服务功能的丰富与延伸，因而商业银行黄金远期衍生品交易日益转移到询价交易平台上进行，使黄金询价交易平台搭建的意义已超越了“黄金”的意义，对我国整个金融市场产生拉动性的影响。

询价市场是上海黄金交易所和上海外汇交易所联合搭建的，使上海外汇交易平台在不经意间实现了黄金市场、货币市场和外汇市场的联通，这对于我国黄金市场发展是一个功能上的突破，即黄金资产成为货币资产配置的一部分。这一突破使上海黄金交易所的金融属性得到强化，立即产生了黄金询价市场的两大客户：上海国利货币经纪公司和上海国际货币经纪责任有限公司，它们的交易量2016年为0.56万吨，2017年又增加了1倍多，达到了1.16万吨，分别占当年询价总交易量的31.44%和50.66%。这是在竞价主板市场不能做，也做不了的事。上海黄金交易所询价交易平台的建立使得场外黄金市场的重要产品提前销售、掉期交易和期权合约得以落地，从而使我国黄金即期远期合约的交易快速发展。2017年银行柜台交易市场中黄金远期交易又有了大的增长，其中完成黄金远期交易量1 294.27吨、掉期交易量1 119.3吨和期权交易量24.15吨，分别增长了5.91%、87.64%和52.92%。

银行间询价交易市场诞生于2012年12月，2013年全年询价交易量为0.096吨，而2018年已达到4.56万吨，超过竞价交易，成为上海黄金交易所最大的交易方式。2012—2018年黄金询价交易量及占比情况如图10－1所示。

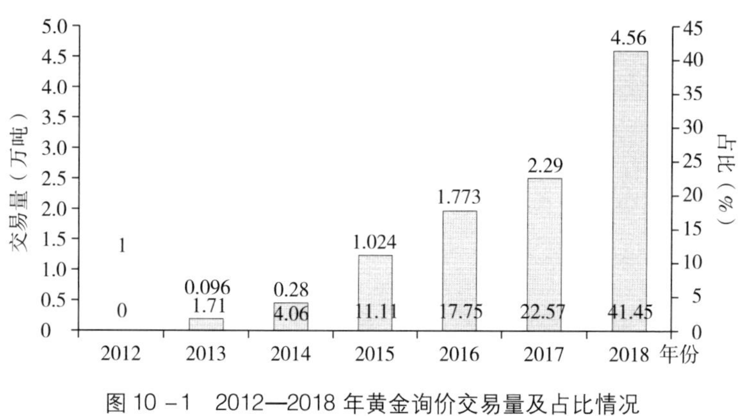

图 10－1　2012—2018 年黄金询价交易量及占比情况

走出密室的定价交易

上海黄金交易所 2016 年推出了定价交易，这是由于"上海金"基准价的形成和"上海金"交易平台的搭建，在上海黄金交易所内形成一个由人民币定价交易的新场景，也形成了一个与随美元金价变化而变化的主板相区别的新市场。所以"上海金"的推出打破了国际黄金市场上美元定价的一统天下的格局，为黄金投资者提供了又一个选择。对国际黄金市场而言，这是一个新交易格局的出现。对于我国黄金市场而言，这是人民币国际化的具体应用，也是为提高中国黄金市场话语权的一次努力。

2017 年"上海金"定价交易市场的参与主体已有 10 个报价商和 8 家准报价商，发展到了 30 家，参与定价交易的成员有国内商业银行、用金企业和境外成员，所以具有较广泛的代表性。“上海定”定价交易先由18家做市商报出初始参考价，经过多轮平衡最终产生“上海金”基准价，再按基准价进行交易。2017年“上海金”总计进行了488场2 433轮定价，平均每次定价有4.99轮调整。这个定价过程与1909年创立的伦敦五大金商定价过程相似，但最大的不同是五大金商是在密室定价，秘而不宣，信息不透明，而“上海金”定价全程的记录公开，并及时公布，透明公允，这是我国黄金定价在经历了计划固定价—计划浮动价—随美元金价变化的浮动价之后的一次大变革。这也体现了中国黄金市场的国际黄金价格形成的话语权和影响力，虽然这种话语权和影响力的提高需要一个过程，但是我们已迈出了第一步。定价交易从推出到2018年仅有3年时间，所以只是“小荷才露尖尖角”，交易量占比还不足总交易量的2%。2016年定价交易量为569.19吨，2017年上升到1 262.74吨，增长了121.85%，2018年又增长了16.79%，达到了1 474.71吨。

上海黄金交易所“上海金”定价交易平台的推出，提高了“上海金”的品牌效应，扩大了“上海金”基准价的使用范围，成为国内套保和租赁，以及远期产品研发使用的结算基准价格。因而它在场外理财、基金及黄金ETF等领域有广泛应用的前景，所以“上海金”基准价已走出了黄金市场而在金融市场产生了广泛的溢价效应。“上海金”基准价还在境外得到应用，迪拜黄金与商品交易所合作获得授权，在开发以离岸人民币计价的黄金期货合约时使用“上海金”基准价作为结算价。

我国黄金市场交易方式多元化是我国黄金市场形态多元化的产物，而黄金市场形态的多元化是黄金市场追求服务功能延伸的结果，而服务功能的延伸是我国黄金市场规模扩张的主要原因之一，所以17年来，我国黄金市场自身规模扩张的同时，开始和金融市场的各要素市场有了日益紧密的联系，使黄金市场从一个孤立的边缘性金融市场向基础性市场转型。所谓基础性金融市场，就是可以提供结算标准、转移风险和维护金融市场稳定的市场，我国黄金市场随着与金融要素市场的日益融合，正一步步向金融基础性市场迈进。

第十一章 渐进国际化的黄金市场

黄金具有全球流动性特征，黄金市场是跨时区全球 24 小时连续交易的，所以黄金市场有国际化的基因。黄金市场要生存发展，一定要推进国际化，这是黄金市场发展的唯一选择，而追求国际化的黄金市场一定是走开放之路。我国黄金市场同样需要开放，走国际化之路，但我国黄金市场国际化要有自己的特点，不是一步国际化而是渐进国际化的。

为渐进的国际化道路正名

黄金市场一定要国际化，而国际化一定要走开放之路，伦敦、纽约这种在国际黄金市场体系中的骨干市场一定是国际化的，才能担当重任，而地区性的市场也一定要把国际化作为自己的发展之路，一定要在一个开放的环境中才能实现发展，因为黄金市场是一个全球连续交易的市场体系，交易的同步性是非常重要的，任何一个市场的不同步，都可能为其他市场提供套利走私的机会而损伤自己。20 世纪 90 年代中国黄金处于管制状态，因与国际金价形成套利机会使黄金走私兴起，中国的香港和澳门是中国内地黄金走私的接收地。为了杜绝黄金走私，我国不得不加强管理，增加了管理成本，但屡禁不止，仍难以从根本上杜绝。因而我国黄金市场不是要不要，而是能不能国际化，即我国黄金市场是否具有足够的吸引力把国际投资者吸引到市场中来，但是如何开放，实现市场国际化有不同的选择道路，我国选择的是渐进的开放之路。

我国从 1978 年开始走上改革开放之路，这条开放之路使我国的收获满满，得到实惠的中国没有理由再关起门来，向世界打开的门不会再关闭，这是我们向世界展示的承诺和决心。但仍有人会对我国的开放提出怀疑，不仅在国际上，国内也不时有质疑之声，主要是对市场开放之路的不同选择有不同的评价。我们是新古典经济学的践行者，基于对市场并非完美的认识，所以开放是在“有形之手”介入之下，采取分步渐进的开放。然而反对“有形之手”介入的经济自由论者主张一步到位，因为他们认为市场可以自行纠偏实现平衡，自然会对分步渐进开放提出异议。其实，我国改革开放的实践已经表明，一步到位的全面开放看似决断快速，但可能会因引起新旧矛盾冲突而欲速则不达，而渐进开放则或许会事半功倍。渐进开放的国际化不仅有理论论证，也有实践印证，所以我国黄金市场渐进开放，实现国际化，是正确的选择。

我国黄金市场的渐进国际化

我国黄金市场国际化是一个渐进开放的实践案例。我国人民银行在2002年以前是黄金产品的直接经营者，而2002年以后是我国黄金市场的管理者，所以人民银行并没有因为黄金统收统配体制的废止而改变其管理者的角色，只是管理的对象和内容发生了变化，之前是产品而现在是市场。黄金市场中“有形之手”的介入是一个一直存在的现实，正是因为我国黄金市场有这个管理者的存在，所以一定不是一步到位的激进式开放，而是逐步开放，因为人民银行既然是黄金市场的管理者，也必然是开放风险的直面者。所以对于人民银行来说，开放是一个政治选择，更是一个现实选择。开放是必须的，但开放也一定会带来不确定性风险，所以开放的大门只能随着人民银行对外开放风险管控能力的提高而逐渐打开，这是我国黄金市场国际化一定是渐进的根本原因。市场开放也是有顶层设计的开放，因而对我国黄金市场国际化的方向，前后两任行长分别在2002年和2004年就已明确，但并没有确定具体的时间进度。实际上，人民银行的政策取向是，根据黄金市场发展的实际情况做水到渠成式的推进。

渐进式开放带来的影响是我国黄金市场有了一个竞争相对缓和的市场环境，这种环境给刚诞生还很弱小的黄金市场提供了保护，有利于它的成长。当我国黄金市场有了一定规模之后再加大开放，它就有了与国际投资者平等对话的能力。正是因为如此，我国黄金市场的国际化不是开门请老师，而是开门迎合商业合作者，所以我国黄金市场推进开放，实现国际化，是有主动权的推进，握有何时开放、如何开放的决策权。

我国黄金市场运行 5 年后的 2007 年 6 月，人民银行才批准上海黄金交易所引入外资银行会员，开展黄金业务。2008 年 2 月渣打银行成为上海黄金交易所首家外资银行会员，这是我国黄金市场对外开放迈出的第一步，而此时上海黄金交易所已是全球最大的场内即期交易市场，2007 年交易量已达到 1 828 吨，2008 年更增长了 144. 19% ，达到了 4 463. 77 吨。这就是当时我国黄金市场对外开放推进国际化起步时的自身底气，所以之后外资银行会员进一步增加到 8 家，但外资银行会员一直是市场中的平等参与者，而不是主导者。

2014 年上海黄金交易所又迈出了对外开放的更大一步，于 9 月 18 日在上海自贸区推出了上海黄金交易所国际板，允许境外会员用离岸人民币参与上海黄金交易所主板黄金交易（为了保持国际板独立性而施行资金与物流封闭管理）。而上海黄金交易所迈出具有国际化实际意义的这一步时，交易规模已上了万吨数量级，2013 年已经达到 1. 16 万吨，上海黄金交易所成为世人瞩目的新星，已是亚洲的重要黄金市场，并表现出巨大的增长潜力，对国外投资者有更大吸引力，所以国际板推出之初便有 15 家国际会员、34 家国内会员参与交易。而到 2018 年，上海黄金交易所国际板已有国际会员 69 家，国际会员代理国际客户 71 家，完成黄金交易量 4 776. 98 吨，是当年上海黄金交易所总交易量 5. 43 万吨的 8. 8% 。由于国际板的推出，上海黄金交易所在上海自贸区开设了金库，黄金进口开始通过上海海关，2017 年占我国进口量的 35. 83% 。2018 年国际板的会员与客户增加到 151 家。

上海黄金交易所于 2016 年 4 月推出了“上海金”，为国际黄金投资者提供了一个人民币黄金交易标准，“上海金”是场外市场形成的，为避免重蹈“伦敦金”密室操作的诈骗覆辙，“上海金”定价过程坚持公正、公开、透明的原则，全过程记录，由 18 家报价成员提供初始报价，经过多轮报价（2017 年平均 4. 99 轮）产生交易基准价并及时发布。当年参加“上海金”定价交易的机构有 26 家，实现交易量 569. 19 吨，参与交易的机构包括商业银行、券商、冶炼厂、用金企业，2017 年参加交易的企业增加到 30 家，交易量达到 1 262. 74 吨。2018 年为 1 474. 7 吨，保持着增长势头，但在上海黄金交易所总交易量 6. 75 万吨中的占比仅为 2. 18% ，还不是拉动上海交易所规模的主力军。

“上海金”推出的 3 年，交易量上的表现还是千吨水平，对上海黄金交易所规模扩张没有产生让人印象深刻的拉动力。但对于上海黄金交易所，乃至中国黄金市场的发展而言，“上海金”的推出则具有划时代的意义。

首先，“上海金”定价国际化应用，标志着我国已从市场的开放向规则的开放发展，而规则的国际化是我国黄金市场跟随者向引领者转变的标志。“上海金”的重要意义不仅是增加了一个交易产品，还提供了一个国内外与黄金挂钩的金融衍生品和理财产品的结算标准，从而使黄金与金融市场融为一体。

“上海金”第一个境外应用落地项目是，迪拜黄金与商品交易所推出的离岸人民币黄金期货以“上海金”为标准价结算。另一个重要的意义是为人民币的国际应用创造市场场景，成为人民币国际化的重要支撑力。美元是与黄金挂钩形成美元汇兑本位，英镑是与黄金挂钩形成金本位，才逐步由国内货币成为国际货币。历史经验可借鉴，以各种形式建立和形成人民币的黄金支撑力是国家战略性的大事，而“上海金”的推出无疑为人民币黄金支撑力的形成提供了一个把手。

我国黄金市场国际化的近期愿景

2008 年我国黄金市场发展境外银行会员，开放上海黄金交易所主板市场；2014 年创立国际板，开放离岸人民币黄金市场；2016 年推出“上海金”定价交易，国际黄金机构开始参与人民币黄金定价过程，这是我国黄金市场国际化发展的历程，而今天又发展到一个新阶段。

2017 年上海黄金交易所对外开放重点是对接“一带一路”倡议，推进沿线市场间的合作。为此，上海黄金交易所先后与沿线国家进行合作讨论，并与布达佩斯证券交易所签订合作备忘录。特别是我国与东南亚地区文化相似，文明相通，地理相近，所以会把对东南亚国家的开放，作为中国黄金市场国际化推进的重点。东南亚国家的经济发展阶段不同，其中缅甸、老挝、柬埔寨、泰国、马来西亚和印尼等国家与我国有相近的黄金消费文化，应以黄金首饰市场的物流开放拉动双方市场为重点。而与新加坡有较发达的金融市场的国家，则进行黄金交易市场的互通合作，开放的重点应是“上海金”交易及上海定价衍生品创新，应更紧密地与人民币国际化的需要联系起来。

中国黄金市场国际化的更大视野是形成亚洲中心市场。亚洲是当今黄金市场数量最多的地区，2012—2016 年是全球第一大产金洲，2017 年是第二大产金洲。近 10 年，无论是金首饰消费量，还是黄金工业消费品，亚洲都是全球第一，因而亚洲已有取代欧洲成为全球黄金物流中心的条件。另外，亚洲是当代经济最为活跃的地区，有着巨大的黄金投资需求潜力，日本、印度、新加坡、土耳其等黄金市场在国际黄金市场体系中都占有一席，但是亚洲黄金市场缺乏一个中心力量。而上海黄金交易市场的发展增加了亚洲黄金市场在全球中的分量，如果亚洲形成一个整体，在全球黄金市场体系中将会有举足轻重的地位，中国黄金市场应以此为己任而做不懈努力。

亚洲的黄金市场虽然数量不少，但规模偏小，且没有较好的质量，缺少一个中心市场，因而难以形成协调互动的运行机制。20 世纪 80 年代日本曾是亚洲黄金交易中心市场，是我国黄金市场发展初期的学习对象，但这么多年不进反退，现在交易量不足万吨，相反中国黄金市场这个后来者发展迅速，双向交易量已突破 10 万吨，国际黄金市场二元争雄结构变为了伦敦、纽约、上海三足鼎立之势。中国这个亚洲中心的黄金市场地位已经奠定，因而未来中国黄金市场的国际化是要把与亚洲黄金市场的互联互通互动的机制和体制逐步建立起来，形成一个人民币金价交易的重地。上海黄金交易所现在已与迪拜黄金与商品交易所联合推进人民币“上海金”远期衍生品上市，这是以“上海金”为标准价的衍生品设计迈出的第一步，今后要进一步深化与扩展，这是我国黄金市场国际化的新任务和新水平。

人民币国际化需要形成黄金支撑力，任何信用纸币都需要实体商品提供价值支撑，而与黄金挂钩是有历史传统的，因而近期面对世界经济的不确定性，各国央行纷纷加入增加黄金储备的行列。我国人民银行从2009年也加入了这个行列，增加黄金储备是增加货币黄金支撑力的一种选择，但更重要的是要提高对黄金市场的管控能力和影响力，因而建立全球黄金物流中心市场是我国黄金市场国际化前期的另一个重要目标，这对人民币国际化目标的达成无疑是极为重要的。

现在我国已是全球黄金第一大生产国、第一大消费国、第一大进口国和第一大黄金财富沉积国，因而取代瑞士成为全球黄金物流中心市场的“硬条件”已基本具备，所缺的是“软条件”：一是黄金进出口双向流动的管理政策未形成，现在黄金进出口还不能自由流动；二是缺乏顶层设计，全球黄金物流中心必须实现黄金的自由流动，但需要管理，所以并不是一放了之，因为黄金的自由流动也可能产生洗钱、走私等非法行为，所以建设全球黄金物流中心市场需要顶层设计，而现在只是提出了一个概念，具体的顶层设计还未展开。

第十二章

前瞻：对未来发展的思考

我国黄金市场短短的17年发展已有了可喜的成绩，特别是我国黄金市场具有特别的DNA，而走出了一条具有中国特色的发展之路，这条发展之路在国际传统主流黄金市场发展遭遇挑战的背景下，受到了国际黄金专业人士的关注，并寄希望于我国黄金市场成为国际黄金市场从西向东布局转移的引领者和未来的领导者，而对我国黄金市场未来有了期待和祝福。但是未来的目标和实现路径还没有明确的指向，有关的顶层设计尚未展开，这似乎又预示着我国黄金市场未来发展仍有许多不确定性，所以我们对黄金市场未来发展的讨论是必要的。我认为，我国黄金市场未来的发展，首先要明确黄金市场发展的国家战略定位，即发展黄金市场的国家目的是什么。发展黄金市场的国家战略并不是固定不变的，而是需要根据实际情况做必要调整，而今天发展我国黄金市场的国家战略就是要建立人民币国际化黄金支撑力。

市场发展是完成国家战略的需要

战略就是大局，国家战略就是国家的大局。我们不能说所有经济活动都要与国家战略相联系，但对黄金市场而言，我们必须认识到黄金市场的发展是完成国家发展战略的需要。这是因为黄金具有特殊的金融属性，黄金市场不是一个一般性商品市场，而是“有形之手”调控经济的工具，这是黄金市场发展和国家发展战略相联系的原因，也是黄金市场的特殊性。黄金市场的特殊性决定其发展路径的特殊性，所以我国黄金市场为“有形之手”顶层设计的产物是必然。

1949—2001 年我国并没有黄金市场，这是国家进行黄金管制的需要，而黄金管制是为当时国家的大局服务的。而 2002 年建立上海黄金交易所是国家完成黄金市场化改革目标的需要，这也是国家的战略大局。黄金市场的发展是这个战略大局的要求，2004 年以后，国家的这个战略目标完成，黄金市场的国家发展战略是完善和丰富金融市场的服务功能，以弥补我国金融市场的长期缺失，增加我国金融能力，这个战略目标已经或正在完成。黄金市场发展的每一个阶段都体现了国家意志，但“有形之手”并不是黄金市场的运行者，这一点被严格界定，但它是黄金市场发展方向的决策者，决定黄金市场做什么，或不做什么，这是一个事实，所以我国黄金市场未来的发展也一定是有顶层设计的发展。

现实是最好的老师，2007 年美国次贷危机引发了 2008 年的金融危机，最终导致了一场全球持续性的经济危机，影响严重，10 余年后的今天，它仍被认为百年不遇。这场危机祸及全球，暴露了国际金融体系运行的真相：在自由市场经济的旗帜下，以金融创新之名的私欲无节制地泛滥，金融市场虚拟交易兴起并占据主导地位，导致价格被操控，被无限放大的市场风险最终使危机爆发，自由市场论者被质疑。这场危机的始作俑者是自由市场论者，而危机爆发后他们又纷纷反水期待“有形之手”施以援手。危机的爆发揭示了事情的真相，告诉我们“有形之手”对经济发展担当的必要性，因而我国有顶层设计的黄金市场发展之路开始日益得到认可。但发展是一个持续的过程，黄金市场未来的发展还需要新的顶层设计，而这种顶层设计是源于国家战略的需要。那么我国黄金市场未来发展的国家战略是什么，就成了我们讨论我国黄金市场未来发展的前提。

对我国黄金市场未来发展的建议有两种不同的切入视角：一种是不考虑黄金市场发展的国家战略变化，即在现在的国家经济战略下对黄金市场未来发展提出改进与完善的建议；一种是以黄金市场发展的国家战略已经变化或将会变化为基础，对黄金市场的未来发展进行新的思考，建议培育我国黄金市场的新功能，以适应国家战略的变化。

国家战略的变化是源于国际发展环境的变化，现在国际环境变化的不确定性可以说已到危险的程度，不要说以年计，即使以月计甚至以日计，都会有变。虽然我们对未来发展的任何评估都是不确定的，但是从最坏、最大的变化考虑，是掌握未来所必需的，所以我们要有国家战略发生变化的准备，即使我们不乐见，也要勇于直面。

来自权威研究机构的声音

国务院经济发展研究中心金融研究所是国务院直属智能机构，具有很高的权威性，2018 年 7 月完成了一个名为“中国黄金市场未来发展方向建议报告”的课题研究。该课题对我国黄金市场在现有基础上的改进与完善提出了以下建议。

建立一种新的监管方式

报告认为这个建议的本质是要形成“有形之手”介入黄金市场的法律基础，并确定“有形之手”介入黄金市场发展的路径和边界。报告对于中国人民银行的实践活动给予了正面的评价，指出：“中国人民银行有能力领导整个行业，并把长期的战略问题放在发展的核心位置……”它对中国人民银行今后工作的推进有具体建议：制定和颁布新的市场管理法规。

我国管理黄金的法规是 20 世纪 80 年代颁布的《金银管理条例》，现在我国虽已放开了黄金管制，但没有宣布废止，实际已失效。2010 年中国人民银行等 6 部委下发了《关于促进黄金市场发展的若干意见》，这个文件具有指导性，而法规性的约束力不够。现在我国黄金市场已发展为多元市场体系，交易量已稳居世界第三，成为亚洲黄金市场的排头兵，因而市场发展需要有一个规范性的法规。在《关于促进黄金市场发展的若干意见》出台前的2008年，国务院法制办公室就启动了黄金市场法规的起草，我本人作为该法规的咨询专家对有关情况有所了解，大家分歧很大，因出台条件不成熟而流产，这也说明黄金市场管理法规虽有客观需要，但制定和通过还有不少问题，因为我们对黄金市场发展的规律还没认识清楚，对有些甚至还没有认识，这是我们遇到的难点。

国务院经济发展研究中心金融所的研究报告对黄金市场管理法规提出了建议，建议法规拟名为“黄金市场管理规则”，提议法规的制定要充分吸取过去10年国际上应对金融危机和不当行为的经验教训，为此，提出了法规制定应遵循的3个原则。

1. 公平原则。该报告指出，必须保证不同身份的市场交易参与者能够得到公平对待，必须确保市场惯例和行为标准以透明的方式得到明确一致的贯彻。

2. 有序原则。该报告指出，要建立强大的交易设施，形成有效和有序的市场竞争，为价格的形成和交易提供支撑。

3. 监管原则。该报告指出，市场和市场参与者的行为必须由可信的监管机构进行监督，并建议建立专门的黄金市场监管机构，确保该机构的监管与监督统一而不分散地进行，还要优先考虑黄金租赁信息共享平台和场外交易主协议的推出。

形成资金及黄金双向跨界流动

实现资金及黄金双向跨界流动是我国黄金市场国际化发展的需要，实现资金及黄金双向跨界流动可先进行试点，再逐步扩大。

1. 在上海浦东自贸区内特定的关税区范围内试点黄金自由进出口和人民币资本项目下的自由兑换。

2. 增加境外投资者参与资本管制与配额的确定性，以吸引更多的境外投资者参与黄金交易。

3. 推动"一带一路"倡议的落地，鼓励"一带一路"沿线国家将黄金运往我国交易，鼓励更多的"一带一路"沿线国家的投资者通过我国黄金市场进行套期保值交易。

制定更高的市场标准

市场的高标准不仅可以提高市场参与者的品质和市场运行的质量，而且可以将我国黄金市场品牌影响力辐射到国际。该报告建议以下 3 个标准应给予优先考虑。

1. 制定适用于所有线上黄金投资平台和黄金供应平台交易的标准，规范这一领域的交易行为，满足数字化投资者的需求。

2. 将我国黄金企业的社会责任和环境责任标准化和法规化，这会将我国黄金行业的国际口碑提升到一个新水平。

3. 市场的运行和监管都需要透明和完整的数据做依据，而一些诈骗事件的发生也说明这方面出了问题，我国黄金市场未来发展一定要有高要求的数据透明与完整的高标准。

机构投资者的市场准入

我国黄金市场虽然发展迅速，但投资者结构还相对狭小和分散，缺乏机构投资者，因而短期投资者众，长期投资者寡，产生的问题是市场稳定性差，服务的深度不够，没有充分发挥黄金在保护中国财富方面的作用。有关发挥黄金保护中国财富的作用，报告对于未来黄金市场的发展提出了如下建议。

1. 允许养老基金和保险公司入市。养老基金和保险公司投资黄金，可以增加基金和保险资金组合的安全性，这已是国际上的通行之道。

2. 加强机构投资者教育，让投资者了解资产组合中黄金的重要性，是机构投资者转变观念接受黄金是基础性资产的重要条件。

3. 为机构投资者量身打造投资产品。我国黄金产品一直是为零售市场量身定制的，机构投资者对成本结构和流动性的要求有很大不同，它们对量身定制的产品需求也有所不同，具体建议是可以考虑成立合资企业，进行市场产品设计和市场营销。

黄金市场基础设施建设

我国黄金基础设施现状得到了满意的评价，但仍有改进的空间，报告主要的建议如下。

1. 建立能支撑有监控的资金与黄金双向跨界流动的市场设置，在黄金进口自由的基础上，可通过签发出口配额的办法实现出口有限自由，然后逐步发展到黄金进出口自由。

2. 上海黄金交易所和上海期货交易所要合作开展能满足大型机构投资者需求的产品研究和设计，在这个过程中应广泛听取国内资产管理公司及向基金提供投资服务的银行的意见和建议。

3. 上海黄金交易所和上海期货交易所要和潜在客户建立更紧密的友好关系，提供更长时间段内管理风险的咨询与服务，使境外直接向我国黄金市场提供产品的客户能够管理其风险敞口。

另一个角度的观察思考

1991 年在没有任何准备的情况下，我与黄金市场问题研究结缘，从此我便成为我国黄金市场的观察者、研究者和推动者，转眼间已过去 28 年的时间，我也由一个中年人变为了古稀老人，但从来没像今天这样感到黄金市场变革的紧迫性如此强烈，28 年来变革经常发生，但变革多有明确的目标，变革的方向也相对明确，而唯有这次变革既深刻又有很大的不确定性。所以在我看来，我国黄金市场未来发展变化是极为深刻的，又存在极大的不确定性，这是因为我国黄金市场的发展前景与国际政治与经济的大变局联系在一起。

我对我国黄金市场发展前景的观察有以下 4 个基本点。

一是我国黄金市场是有顶层设计的，实现国家战略是黄金市场发展的方向目标；二是国家经济发展战略已经或正在调整变化；三是我国发展战略调整变化必然会影响我国黄金市场未来的发展，因而我国黄金市场的战略目标也必须变化调整；四是环境的变化是根本性的，我们对我国黄金市场未来发展应再思考，是一次再出发。为什么说当今黄金市场发展的环境变化是根本性的呢？

变化已经发生，而且是根本的

变化是比较的结果，我们说现在是一个已发生根本性变化的世界，那是从一个世纪的维度去比较的。数十亿人同住在一个地球上，作为具有社会属性的人，会发生许多关系，人际关系的处理是生存的大问题，处理人际关系无非有两种选择：一是以暴力造成仇恨，二是以和平而形成共处。20 世纪上半叶是人类陷入苦难、社会陷入动乱的历史时期，先后经历了两次世界大战，两次大战之间全球又陷入 20 世纪 30 年代经济大萧条之中，人类被拖入没有枪炮声的“战争”中，数千万人陷入破产，数百万人在温饱线上挣扎。人类面对20世纪上半叶巨大的财富损失和痛苦的磨难，开始对自己的行为进行反思，在比较利弊后的20世纪下半叶，人类扬弃了暴力与对抗而选择了和平与共处。所以20世纪下半叶两大集团虽然对峙，但保持了“冷战”状态，没有发生大局的失衡，还出现了平衡国家间纷争的政治组织——联合国，及促进全球经济一体化的WTO（世界贸易组织），经济发展成为人类的主旋律。但在全球经济发展的大潮中存在着计划经济道路与市场经济道路的竞争比拼，两种经济形态又分别代表了当时的苏联和美国为主导的政治对峙，20世纪90年代初以苏联为代表的社会主义阵营解体，计划经济被扬弃，市场经济成为全球主导的经济模式。我国从1978年改革开放，1992年党的十四大决定建立社会主义市场经济体制，并开始从计划经济向市场经济转变，在2002年加入WTO，搭上了经济一体化的列车，也就是在这个过程中中美两国变为了合作伙伴，因而我们的经济与美国经济开始紧密联系在一起，形成了你中有我、我中有你的混搭。改革开放使我国获得了经济持续发展期，2010年我国经济规模超过日本，成为仅次于美国的第二大经济体，开始走上世界舞台的中心。我们在21世纪第一个10年怀着对中华民族振兴的美好憧憬，认为百年的崇高目标并不遥远。但变化比我们想的还快，我们发现21世纪第二个10年与第一个10年竟有如此不同：对于世界而言，美国2007年次贷危机爆发导致的全球经济危机引起了人类对战后建立的经济体制和选择的发展道路的反思。

货币竞争是国家的大战略

中美竞争关系出现变化有其必然性，立足竞争成为我国的一项重要的发展战略。或许这并不是我们的主动选择，却是一个现实。在竞争中力争获胜自然成为我们从上到下的一致目标，因为这件事关乎每一个人、每一个家庭和中华民族大家庭的富裕与安康。而且这场中美之间的竞争日益具有了国际意义，竞争从认识论上是对社会主义市场经济道路选择的自信，而从政治观上是对霸权的抗争和对平等的追求。为此，我们必须调整原来的发展战略，调整的核心是强身健体、迎接竞争，而筑牢金融的防波堤应是优先考虑的方向。

为什么筑牢金融的防波堤应是优先考虑的方向呢？这是因为当今人类财富已货币化，无论是交换以应对人类现实之需，还是储备以应对人类未来之需，货币都是主要的使用手段和工具，所以谁拥有货币权，谁就拥有人类社会财富的分配权和使用权。美元霸权是美国国际强权的重要组成部分——美元是国际贸易的主要支付结算手段和主要国际储备货币，在全球需求总量中占 60% 以上的份额，所以美国就可以通过操纵美元的结算体系和美元供给体系使竞争对手或敌对者的社会经济在不发生战争的情况下遭受损失或者崩溃，而达到不战而胜的目的，所以美元霸权是美国在竞争中或战争中获胜的有力武器。货币金融博弈因此是当今国际竞争的主要领域。知己知彼，才能百战百胜，我们应该了解美国是如何实现和巩固美元霸权的。

美元霸权的表现首先是国际中心货币的地位，这一地位的取得是以美元与黄金挂钩，形成美元金汇兑制以保持美元价值稳定，在1944年布雷顿森林国际货币会议上击败英镑而实现的，高达2.2万吨的黄金储备是美国维持美元价值稳定和保持美元中心货币地位的本钱。但到20世纪70年代这一黄金本钱被消耗殆尽，于是美国“改换门庭”，将美元与大宗商品挂钩，特别是与石油挂钩，通过实现美元的有用性来保持美元中心货币地位，美元的价值稳定不再是美国的着力点，美元走上了持续贬值的不归路，美元超发成为美国全球“剪羊毛”的手段。这是美元的霸权，也是美元的软肋。从竞争的角度筑牢人民币防波堤就是要筑牢人民币价值支撑力，价值稳定的人民币才能成为国际货币。

人民币竞争力的表现是价值的稳定。2007年美国的次贷危机以及因其影响而爆发的全球经济危机，给人类带来的最大反思与收获是诚信并不是稳定的资产，所以它不能给纸币带来稳定的价值支撑，纸币必须和实体商品挂钩以获得价值支撑。美元就是与黄金实物挂钩而取代英镑成为国际中心货币的，美元与黄金实物脱钩以后又与大宗商品以及黄金挂钩，从而通过保证美元的有用性来获得美元的价值支撑力，这是被美国长期隐藏的美元奥秘。

人民币的价值稳定一直是以国家的经济作为参照系，我国虽然一直是国际上政治独立的力量，但在经济上一直是非主导性力量，具体表现是人民币在国际市场中长期是一种边缘性货币。1991年亚洲金融危机以后，中国政府表示决不以邻为壑，人民币不贬值，而与美元挂钩。今天看来这是一个大智慧，是在恰当的时机做了一件对的事，人民币与强势货币美元的挂钩而获得价值支撑，这是一种显而易见的做法。特别是我国成为全球第一大美元储备国之后，最高时达近4万亿美元，现在也在3万亿美元以上，人民币价值获得了国际强势货币的价值支撑，人民币的国际口碑迅速上升。因而现在人民币已走向国际，已成为国际货币体系中特别提款权一篮子货币的组成货币，份额为5%；也已是国际贸易的结算货币和储备货币，占3%左右的份额，超过了日元。

新思路：人民币与黄金挂钩

纸币与黄金挂钩给予纸币价值支撑是传统，近200多年，国际主流纸币都与黄金挂钩，只有1971年美国因难以应对黄金挤兑而宣布美元与黄金脱钩，推行了所谓的黄金非货币化，但是即使在这一时期各国央行最低仍保留了2.9万吨的黄金储备，现在又已增加到3.4万吨，这表明各国纸币仍与黄金保持着一定的挂钩关系，并没有脱钩。

加强人民币与黄金的联系曾是我国长期的政策，20世纪90年代以前我国一直是把增加黄金储备作为一项重要的战略举措，但这之后由于美元收入增多，黄金在国家储备中的地位逐渐被边缘化而导致黄金无用论的产生，但2007年美国次贷危机将美元奥秘揭开以后，黄金无用论得到抑制，所以在这种形势下提出人民币应与黄金挂钩会得到更多人的响应，但人民币与黄金如何挂钩还是一个没有解决的问题。

黄金与货币挂钩的方法是变化的，在金本位初期因金币是支付的手段，所以黄金就是货币，黄金的价值等于货币的价值，而之后基于货币使用的便捷性，纸币日益成为流通支付手段，那时纸币与黄金存在着对应关系，所以纸币是黄金的凭证。后来货币与黄金不再是对应关系而是一种比例关系，黄金是纸币发行的基础，国家建立黄金储备，要使纸币发行规模与黄金储备规模挂钩。再往后金汇兑本位时期，国家储备开始多元化，除黄金外又增加了外汇纸币，所以那时纸币的发行只是部分与黄金挂钩，而现在黄金则与纸币的发行不再挂钩，黄金储备只是为纸币提供一种保险，是纸币最后履行支付功能的替代品。总的来说，在美元霸权的体制中，各国货币与黄金的联系逐渐疏远，而我们要加强黄金与人民币的联系是要与这一疏离趋势逆向而行。

现在虽然黄金非货币化，美元已与黄金脱钩，但实际上美元仍和黄金保持着紧密的关系，但这种关系不再是与黄金的数量挂钩而是和金价挂钩，以美元作为黄金定价的标准，其目的是增加美元的有用性。人类如果能够最大限度地使用美元，美元的价值就能得到体现，美元的有用性成为美元价值的支撑力，从而也就支撑了美元的交易价值。这是一种通过黄金交易流动性来体现和增加美元的价值稳定性和权威性的办法。美国又是如何制造黄金的流动性的?

美国首先是使黄金市场的功能异化，发展黄金衍生品交易，现在黄金市场中只有不足1%的交易量是黄金，而99%以上交易量是以美元为主的纸币，因为黄金市场已成为没有实际黄金交易需求的投机者主导的多空操作市场，因与黄金市场交易和供求平衡无关，所以它可以随心所欲地制造黄金的流动性。

金价操纵过程是这样的：在纽约期货交易所闭市前持续抛出大量空单，使交易的多头不断接单，不断下降的金价最终使对方止损离开市场，然后将这个被操纵形成的低金价传播出去，令投资者失望，使更多基金公司随风抛出更多黄金，金价再下跌而最终金价的底部形成，这时再入场收割“羊毛”。这个操纵过程并不需要太多的资金，因为期货市场允许杠杆交易，一般可做到1∶20，即用1元钱可产生20元的市场流动性，所以市场操纵行为不易被发现，且市场操纵并非个例。

现在我们的主流思维是在现在的市场中增加以人民币定价的黄金交易量从而增加黄金对人民币价值的支撑力。当我们了解了当代黄金市场结构以后才知道美元与金价挂钩后交易量增加，只是扩大了美元的需求量，美元仍不断贬值，这是美元扩大霸权的需要，而不是美元价值稳定的需要。美元在与英镑博弈时追求美元价值的稳定，而现在为了增加美元的使用量，扩大黄金市场的交易量，目的不同，方法不同。中美货币发展的不同阶段应有不同思考和不同的应对方法。

我国人民币与黄金挂钩是为了获得人民币价值稳定的支撑

力，因而这一支撑力需要建立在实物黄金的基础上，为了使国家战略落地，有必要对我国黄金市场未来发展做出调整，因而我提出了建立黄金银行的建议，即在存量黄金流动性的基础上形成人民币黄金支撑力。黄金银行是判断环境变化下产生的一个新概念，所以后面会将其作为独立的章节进行论述。

第十三章

黄金市场：第三次分层

我国黄金市场从2002年建立，到2004年开始第一次市场分层，到2008年基本完成，实现了从黄金商品市场向黄金金融市场的转型，出现了一个商业银行柜台黄金交易市场，这是一个面向民众的黄金零售市场。2007年黄金市场开始第二次分层，到2010年基本完成，实现了即期黄金市场与远期黄金市场的分层，标志是上海期货交易所黄金期货合约于2008年1月上线交易，这主要是一个投资者与投机者参与的市场。基于国家战略，要形成人民币的黄金支撑力，要将这一战略落到实处，我认为应推进我国黄金市场的第三次分层，即建立国家黄金银行，实现存量黄金与增量黄金的分层。

存量黄金与增量黄金

存量黄金和增量黄金是黄金市场交易过程中的两种存在形

态，因为黄金具有优良的物理与化学特性，所以其不易被氧化、腐蚀，可以长期独立存在，这是黄金的永恒性。2018 年，人类历史上生产的 20 多万吨黄金中的 97% 以上还存留于世，但黄金作为商品黄金在市场中是流动的，会不断进入市场，又有黄金完成交易流出市场。黄金交易中一种是要完成黄金所有权让渡，另一种是不需要黄金所有权让渡，所以黄金市场存在着买卖和借贷两种交易方式。之所以有两种交易方式，是因为黄金多数并不会因“消费”而消失，而是作为加工原料制成商品，在黄金制品市场上再次流通交易，或作为人类的财富储藏起来。所以对于一个国家而言，就有一个在某一个时间点上有多少黄金进入市场交易，又有多少黄金处于储藏状态的问题，所以每一个国家拥有的黄金可被分为增量黄金与存量黄金。增量黄金是指在市场流动而需要完成交割的黄金，存量黄金是指停止流动处于储藏状态的黄金。作为人类财富的存量黄金在特殊需要的情况下会再进入市场交易，但不是为了完成所有权让渡，是通过使用权的暂时让渡而获得一定的利益，所以黄金在市场中不是通过交割而是通过借贷产生流动性，因而有两种黄金市场，一种是需要完成所有权让渡而交割的增量黄金市场，另一种是不需要所有权让渡而通过借贷实现使用权让渡的存量黄金市场。黄金增量市场与黄金存量市场存在着交易目的和功能的差异性，在管理上也存在差异性，增量市场主要是资金流管理，而存量市场主要是黄金物流管理。

增量黄金市场和存量黄金市场功能有别，所以两者就具有分层的理由，但现在黄金市场两者合一，黄金借贷只是增量黄金市场的一个品种，而未来基于形成人民币黄金支撑力的需要应成为一个独立的市场。这是因为当今黄金市场是黄金衍生品交易主导的市场，黄金实物交易占比还不足1%，所以以黄金实物为标的的借贷交易是从属性、边缘化的交易，没有发展成独立市场的必要性。另外，国际上多数黄金交易市场是金融性的资金市场，并无实物黄金需求，只是黄金的流转，而无黄金的积累，所以基本上没有或很少有存量黄金，也就没有条件形成独立的存量黄金市场。我国也不是一开始就有存量黄金市场与增量黄金市场分层的必要性和可能性。

现在我国进行存量黄金市场与增量黄金市场的分层，形成独立的存量黄金市场的原因有两个：一是我国是全球最大的黄金需求国，拥有世界最大的黄金制品生产企业，企业有借金的实际需求；二是我国是全球最大的黄金进口国和消费国，无论是官方，还是民间，黄金市场经过17年的开放，有了日益增多的黄金财富，也有贷金的要求和能力。而当前面对国际政治与经济格局的深度变化，我国把金融稳定置于突出而紧迫的地位，金融的稳定核心是人民币的稳定，为此我国必须要形成人民币黄金的支撑力，于是存量黄金市场与增量黄金市场的分层任务便提上了改革的日程。

挂钩黄金：纸币的自我救赎

基于使用的便捷性，到近代人类货币逐步实现了纸质化，但一直存在着价值不稳定的问题，这个问题不断对纸币造成威胁而多次出现纸币危机。实际上，宋朝时我国是纸币的发明者和最早的使用者，金、元之后，到明朝开国皇帝朱元璋虽然严禁使用金属货币，而用纸币，但 1435 年明英宗又恢复了铜货币，第二年恢复了银货币，我国的银本位制自此存在，直到 21 世纪初。纸币的失败源自恶性贬值，民众财富被洗劫，最终纸币被扬弃，纸币的稳定性成为纸币存在的命门。那么如何稳定纸币的价值呢？那就是与黄金挂钩。1944 年布雷顿森林国际会议确定了 35 美元兑一盎司黄金，因而 1 美元的含金量为 0. 810 克，正是这一政策保证了美元的价值稳定，各国货币再以固定汇率与美元挂钩，这样每张纸币都有了法定的含金量，如 1 马克的含金量为 0. 222 克，1 日元的含金量为 2. 469 毫克，曾经的苏联 1 卢布的含金量为 0. 222 克。与黄金挂钩使纸币成为一种黄金凭证，纸币与黄金挂钩不仅获得了价值支撑，而且也是纸币发行者的诚信承诺和行为约束，黄金成为金汇兑时期货币稳定的核心要素。正是因为美国当时拥有高达 2. 2 万吨的巨量黄金储备做本钱，美元才在与英镑的竞争中占有了优势，从而取代英镑成为国际中心货币。与黄金挂钩使这一阶段的纸币跳过了纸币恶性贬值的陷阱，实现了国际货币体系的稳定，全球进入了一个经济持续发展期。

1971 年美国因无力应对出现的黄金挤兑潮，在流失了大量黄金储备以后切断了美元与黄金的联系，人类进入了信用货币时代。失去了黄金支撑的信用货币体系仅维持了不到 50 年，美国2007年的次贷危机爆发，并导致全球的经济危机而且影响至今。在危机爆发以后，美国利用美元发行权而超发美元，美国从2008—2014年增印3.7万亿美元，而2008年以前的200年才印了8 000亿美元。美元超发使其他国家的美元储备和持有的美元资产大幅贬值，美国将美元危机转移到全球，暴露了美元脆弱性的同时也暴露了以美元为中心的国际货币体系的不公正性，因而改革的呼声四起，现在这一改革虽不是激进的，但已在多个层面上展开。即使在美国国内，也有国会议员提议恢复金本位，并已有3个州的州政府决议实行金本位。

人民币的价值稳定曾与自有的黄金与外汇储备挂钩，但由于我国的黄金和外汇储备极少，支撑力很小，因而人民币在国际上长期被视为弱货币，处于国际贸易中的边缘地位，在国际金融竞争中处于弱势。而改革开放后的今天，超3万亿美元规模的全球第一的外汇储备成为人民币的价值支撑，人民币逐步走强，现在已成为国际货币基金组织的特别提款权一篮子货币的组成货币，在国际贸易中占有3%左右的市场份额，并成为一种国际储备货币。

人民币黄金支撑力建设任务的提出要达到的目的有2个。一是满足人民币国际化的需要。随着我国经济国际化的发展，人民币的国际化成为一个现实而紧迫的战略任务。美元是当代国际贸易的主要结算货币，美国是国际贸易结算体系的控制者，我国国际贸易的发展使支付规模也相应扩大，对于这一体制的依赖风险增大，一旦受阻，损失巨大。俄国和伊朗都曾遭遇美国金融制裁，它们不能使用美国把持的国际结算体系结算，外贸遭遇极大困难，故我国一定要扩大外贸中的人民币使用范围，实现人民币的国际化。国内使用人民币具有强制性，而走出国界，人民币的使用则是一种自愿选择，只有人民币价值坚挺，其他国家才愿意选择人民币作为外贸的结算手段和储备货币，而要保持人民币走强就必须建立有力的黄金支撑力。二是要改变我国外汇储备中的美元独大格局。现在我国的外汇储备已超 3 万亿美元，而 80% 是美元资产，在目前国际政治经济格局充满不确定的情况下是有危险的，所以一定要推进外汇储备的多元化，增加黄金储备是外汇储备多元化的措施之一，因为黄金是人类的绝对财富，所以增加黄金储备是可以减少储备贬值风险的选择。

什么是人民币黄金支撑力

人民币黄金支撑力，通俗而言是要有一个足够大规模的与人民币发行相联系的“黄金库”，为此我国在建成国际黄金交易中心的同时要成为黄金的物流中心，使我国成为全球黄金财富汇集之地，为此要大力扩大我国的存量黄金的规模。我国的存量黄金包括官储和民藏两个部分，所以形成人民币黄金支撑力需要建立两种存量黄金的联系转换机制，要用法规的形式将人民币与黄金的联系确定下来，这就是人民币黄金支撑力的法制化。人民币黄金支撑力需要存量黄金“流而不失”的流动性，即实现可控的黄金流动性，所以存在一个管理模式的创新问题。

能够为纸币价值提供支撑力的是存量黄金，而不是增量黄金，所以建立人民币黄金支撑力主要是做存量黄金的文章，而我国黄金市场诞生以来主要做的是增量黄金，是以交易的流动性扩大市场规模，实际上这种流动性主要增加的是货币的使用量，而不是货币价值的支撑力。而现在由于建立人民币黄金支撑力战略的提出而出现了增量黄金市场与存量黄金市场的分层，这是我国黄金市场发展 17 年以来的第三次分层，这意味着我国黄金市场又一个发展新阶段的来临，因为将会诞生一个具有新功能的黄金存量市场。

增量黄金市场的流动性是建立在黄金所有权让渡基础上的流动性，而存量黄金市场的流动性是建立在黄金使用权让渡基础上的流动性。增量黄金市场的交易方式是交割，存量黄金市场的交易方式是借贷。在黄金衍生品成为当今黄金市场交易主导的情况下，增量黄金市场主要是资金流，所以主要监管的是资金，而存量黄金市场主要是物流，所以主要监管的是黄金，故两个市场的功能有别，管理也有别，所以需要分层，但在存量黄金交易规模不大、流动性不强的情况下，这两个市场可以合一。

我国已出现了一个颇具规模的黄金借贷市场，但这主要是建立在从国外借金的基础之上的。对于我国而言，它还是增量黄金的交易，而不是存量黄金的交易，而我们国内的存量黄金的流动性还存在问题，现在已存在的黄金借贷市场与建立人民币黄金支撑力所需要的黄金借贷市场还不能同日而语。由于人民币黄金支撑力战略的提出，存量黄金市场成为一个重要的发展目标，这也成为推动增量黄金市场与存量黄金市场分层的重要契机，并具有多重意义。

存量黄金市场发展的意义首先是将人民币支撑力推向了一个新阶段，使我国黄金财富的积累加快，进一步推动“西金东流”国际格局的发展；其次是在国际黄金市场虚拟化交易发展方向出现瓶颈和困难之际，我国黄金市场第三次分层是着眼于激活存量黄金，把我国黄金市场的发展建立在实金的基础之上，这对未来国际黄金市场发展提供了另一种思维和选择。我国是世界第一大黄金需求国和第一大黄金制品生产国，所以存在着巨大的借金需求，而我国又是全球最大的黄金进口国和黄金消费国，经过10多年的发展，已有相当规模的黄金财富积累，因而在有了出借黄金能力的同时，也有日益增多的借金需求，所以存量黄金市场的发展可以带动民众黄金财富的流动性，同时也可以为黄金加工业带来低成本融资，为黄金实业的发展提供支持。

黄金支撑力的官方储备规模

建立人民币国际支撑力是一个国家战略，所以就产生了一个国家黄金储备规模的问题，国家黄金储备规模如何确定呢？人民币黄金支撑力建立的任务是首次提出，人民币与黄金挂钩也是首次，我们没有现成的答案可抄，只能在借鉴中寻求答案。

第一，最好的借鉴对象是美国，因为美元与黄金挂钩有丰富的历史，可以为我们提供思考的方向。

1944 年以前美国也是将黄金处于严格的管制之中，所以美国存量黄金全部由国家持有，在二战爆发后大部分国家废止了金本位时，美国仍坚持国际贸易的黄金结算机制，所以在二战期间美国成为全球黄金的主要流入国和沉积地。二战后美国黄金储备总计达到了 2. 2 万吨，这是全球官方黄金储备的 75% ，占当时全球黄金存量 4. 45 吨的 49. 4% ，即近一半。美国也正是凭借拥有的巨量黄金储备而高举起金本位大旗叫板英镑，承诺美元可以固定汇率兑黄金，终于美元在 1944 年布雷顿森林国际会议上击败了英镑成为国际中心货币，从而建立了以美元为中心的国际货币体系。那么 2. 2 万吨就是美元与黄金挂钩的美元金汇兑货币制时期的美元黄金支撑力规模。

1971 年美元与黄金脱钩，开始了黄金非货币化进程，美国的黄金储备从理论上应减少到零，但实际上美国为支撑美元的价值，为美元买了一个黄金保险而保持了 8 134 吨的国家黄金储备，在外汇储备中的占比为 75% ，无论是黄金储备量，还是在外汇中的占比，皆为世界第一，是 2 ~4 个国家的黄金储备之和。我国在 2009 年之后多次增储，到 2019 年 4 月达到最高值 1 885. 5吨。虽然在舆论上美国不断贬低黄金，但它始终保持美元的黄金储备支撑力优势。不仅如此，美国还凭借其金融优势，以方便结算为名将贸易伙伴的黄金储备抵押在美国，这部分黄金达 7 000 多吨，为美国政府所控制。这些抵押黄金与美国国家储备黄金之和，超过了 1. 5 万吨，也就是说美国现在可直接控制的黄金在 1. 5 万吨以上，是当今全球官方黄金储备的

45.45%。即美国在黄金非货币的条件下，为美元价值稳定提供的黄金支撑力为0.8万吨~1.5万吨。这还是有美元霸权维持货币稳定情况下的低配。

第二，我国人民币黄金支撑力规模还有一个观察的角度，就是从世界黄金储备在全球外汇储备中的占比角度分析。

各国为支撑自己的纸币价值都建立了与国际强势货币挂钩的制度，设立外汇储备，其中就包括黄金储备，这可视为各国为了实现其纸币价值稳定建立的黄金支撑力。各国的具体情况不同，黄金储备规模不同，在外汇储备中的占比也不同。全球的黄金储备占比平均水平在1979年和1980年曾达到62%，当时黄金储备占比远超外汇，但之后持续下降，到2013年已下降到10%以下，从2013年到2017年占比平均值为9.45%。按这一占比推算，我国到2019年4月外汇储备的规模是3.04万亿美元，以全球各国的平均占比计算，我国黄金储备款应为2 873亿美元，而以黄金美元现价计算，约为8 960吨。如果我国达到这个储金量，则超过了美国的8 134吨而居世界之首。这也就是从全球各国黄金储备占比的角度看，我国人民币黄金支撑力规模应约为9 000吨。

以上分析为我国官方黄金储备规模提供了一个人民币黄金支撑力规模的思考方向，在黄金非货币的条件下，为人民币买一个黄金保险的规模应是0.9万吨~1.5万吨。这一储备规模是目前我国黄金储备规模1 885.5吨的4.77倍~7.96倍。若人民币与黄金形成更紧密的汇兑关系，则需有更大规模的黄金储备，但在目前的形势下，为了筑牢金融防波堤，为人民币买一个黄金保险还是有必要的，因而我国国家黄金储备仍有很大的增长空间。

第三，需要指出的是，黄金所有权并不等于黄金控制权，而黄金控制权更为重要，所以德国等10多个国家在当前的形势下纷纷将存在美国的黄金运回国，掀起了一场“黄金回家”运动，而美国则以方便结算为名要求其贸易伙伴将自己国家的部分黄金储存抵押在美国，这些都表明黄金控制权的重要性。这只是问题的一个方面，对黄金市场的控制权是黄金控制权的更高形态，在这一点上美国也是值得我们学习的。在金汇兑时期，国际黄金市场是稳定以美元为中心的国际货币体系的窗口，而黄金非货币化以后，黄金市场是增加美元有用性的工具。黄金市场控制权是通过市场制度规定获得的，前者是通过黄金供给操纵实现的，后者是通过黄金美元定价实现的，总之，国际黄金市场无论如何变化，始终服务于美国的发展战略。所以我国必须重视市场制度创新，这是黄金控制权重要的软实力。从建立我国人民币黄金支撑力的要求看，我国黄金储备还有很大的增长空间，在市场制度创新上有更大的差距，差距不仅表现在现实的结果上，也表现在我们的认知上。

民间藏金的潜力有多大

民间藏金是人民币黄金支撑力的重要组成部分，而且是流动性要求最强烈的存量黄金部分。1989 年亚洲金融危机期间，韩国发生了经济危机，政府发动民众献金，解决国际贸易的失衡问题。韩国充分调动民间存量黄金的力量，使国家走出困境，是当代黄金救国的典型案例。我国存量黄金的历史遗存并不多，中华人民共和国成立初期，民众存金只有约 156 吨，之后随着我国黄金市场化的发展而增加，21 世纪进入黄金财富快速增长期。

1979 年我国发行了熊猫金币，1984 年才在国内发行，供应国内市场。1982 年我国恢复了黄金首饰供应，民众开始拥有以首饰形态存在的黄金。2004 年我国向民众开放了金条市场，民众才正式可以拥有黄金财富。从 1949 年到 2002 年，我国总计生产了 2 372 吨黄金，2002 年我国黄金储备为 600.23 吨，除去国家储备，还有 1 700 吨左右的矿黄金被使用了，那么它被用到了何处呢?

我国黄金管制时，黄金民用受到了严格控制，配售于民用的黄金数据保密而不得而知，每年用于首饰生产的指标仅有数吨，远远不能满足首饰业的需求而导致黄金走私的泛起。但 400 吨左右，即黄金生产总量的 15% ~20% 的配售量还是有的，一些则用于国际支付，流到了国外。另外是 1999—2002 年深圳寄售黄金，估计有 150 吨，那么 2002 年以前社会民间存金总计为 700 多吨（历史存金 + 国内黄金配售 + 国外黄金寄售），因而我国 90% 以上的民间藏金是 2002 年黄金市场开放以后形成的。

2002 年以后我国黄金实现了从官储到民藏的转变，国家黄金储备只有小幅增长，黄金市场供应主要变为了民间藏金。2003—2018 年我国总共生产了 5 457.8 吨的黄金，在这期间央行的黄金储备由 600.23 吨增加到了 1 885.5 吨，增长了1 285.27吨，为黄金总生产量的 23.55%，另外 76.45% 是民藏黄金。

黄金市场开放后，巨大的黄金需求得到了释放。从 2007 年开始，我国由黄金的出口国变为了进口国，并于 2013 年超过印度成为全球第一大黄金进口国，2013 年之后连续 5 年进口量超千吨，2007—2018 年我国总计进口了 8 587 吨黄金，进口成为我国黄金的第一大供应源。我国在进口黄金的同时出口黄金。2002 年黄金市场没有开放以前，黄金出口主要是来料加工，而 2002 年黄金市场开放后出现的是黄金再出口，大部分是正常的黄金制品（主要是金首饰）出口，也有一部分是基于套汇的出口。从 2003 年到 2018 年，据《中国黄金年鉴》的数据，年均出口量为 311.22 吨，这一数据仅给了我们一个思考方向，市场开放初期出口量要低于这个平均值，所以我们估计 2002—2018 年再出口 3 000 吨 ~4 000 吨黄金，黄金进口形成的社会民间存量黄金为 5 000 吨左右。

我国自产金形成的民间存量黄金为 4 878 吨左右，进口黄金形成的民间存量黄金约 5 000 吨。两项合计 9 878 吨左右。从 1949 年至 2018 年，我国民间存金已有万吨水平，这是我国社会存量黄金的现状评估，其中约 93% 是黄金市场开放以后的 17 年间形成的。

未来，我国民间藏金规模将进一步增长是一个大概率事件，因为民众在经历了近10年股市大跌和美元贬值之后，进一步认识了黄金，越来越多的民众开始把黄金作为资产配置的第一选择。2003—2018年我国年均黄金需求量为2 002.45吨，扣除311.22吨的出口黄金和263.77吨回收黄金之后，我国的年均存量黄金的增量为1 427.46吨，其中只有少量黄金作为国家储备黄金，而绝大部分都会成为民间存金，也就是说我国民间存量黄金有年增千吨以上的潜力，在今后10年的时间又会增加万吨民间存量黄金，再加上已形成的民间存量黄金，在未来10年我国民间存金会有超过两万吨的潜力，以目前金价计，相当于5.6万亿的资金沉淀，所以如何利用它的流动性，如何管理这种流动性，是需要我们考虑的，因为这是人民币黄金支撑力的重要组成部分。

存量黄金是一种社会财富的沉淀，基于存量黄金增值的要求，需要流动性，而存量黄金流动性管理是基于保持人民币黄金支撑力的要求，人民币黄金支撑力的要求是存量黄金“流而不失”，即在境内流动而不要流向境外。为了做到这一点，历史上人类普遍使用黄金管制的办法，但这样使存量黄金失去了流动性，所以如何做到存量黄金“流而不失”是一个具有挑战性的问题，这也是我提出要发展黄金借贷市场，实现增量黄金市场与存量黄金市场分层建议的原因，而将这一建议落地的举措就是建立黄金银行。

黄金银行：存量黄金的运营者

黄金银行的概念已被提出多年，并不是新概念，一些商业银行已宣布黄金银行的诞生，也有互联网企业提出互联网黄金的概念，并在此基础上建立了网上黄金银行，等等。但这些都没有大的实质性进步，前者缺乏明确的业务定位，后者缺失信用。央行对互联网黄金企业发展已有明确的政策导向，即它未来只是商业银行黄金业务的辅助而不是主体。对于商业银行而言，存量黄金市场与增量黄金市场分层则为黄金银行业务定位的明确带来了契机。

黄金银行作为商业银行的一个新业态，应有自己的特殊功能和定位，这是黄金银行的生命力之所在。黄金银行的功能定位因我国黄金市场的第三次分层而逐渐清晰：人民币价值支撑需要有存量黄金的支撑，而存量黄金的积累增长产生了日益增多的流动性要求，而构筑人民币黄金价值支撑力要求这种流动性是“流而不失”的，也就是存量黄金要保持在境内流动而不流向境外，这是我国黄金市场管理的新课题。解决这个问题需要实践，而实践需要践行者建立一个存量黄金流动的特殊交易平台，这就是黄金银行，所以我们给黄金银行的功能定位是：存量黄金的运营者。

何为存量黄金的运营者？就是存量黄金流动性的管理者和运营者。黄金银行为了实现存量黄金“流而不失”，其运行不以所有权让渡为前提，有别于现在的增量黄金交易平台；它是以黄金实物为交易标的，因而有别于现在的以货币为标的的金融机构；黄金银行也有票据交易，但全部与实金相对应，因而有别于以纯纸币为资本金的现有商业银行。有专业特色的黄金银行的建立要创造一个黄金“流而不失”的市场环境，这一环境的形成使原来不能做的事在这个平台上可以实现，可以拉动我国金融市场的全面创新转型。

黄金的资本化。以存量黄金作为黄金银行的创立资本金，实际是在给存量黄金修筑一个仓库，吸纳存量黄金入库，进入这个仓库的黄金可以通过借贷产生流动性，但所有权的让渡将按照规定严格地进行，并接受社会的监督，使存量黄金的流动性可控，以达到“流而不失”的目的。这实际上是黄金银行项下实现存量黄金的资本化，对于推动纯纸币改革具有正面的意义。

黄金凭证的发行。为了交易的便捷性，黄金银行可以发行与实物黄金严格对应的黄金凭证，因为有实物黄金对应，黄金凭证具有价值的真实性和权威性，可以质押，可以作为实体资产凭证，可以用于资产评估与转让。这实际上等于说黄金具有了准货币的功能，在特定的范围内代替了信用货币的功能，这对于金融稳定性的提高也有积极意义。

黄金稳定之锚的打造。打造一只黄金稳定之锚，将黄金的稳定性注入信用纸币体中，是2007年美国次贷危机爆发后出现的黄金再货币化思潮，黄金银行本身就是这一思潮的产物，它的每一步发展都应体现黄金再货币化的要求，所以我国黄金银行可以成为我国黄金再货币化的试验特区和始发地。

为此，黄金银行可以发起成立黄金货币基金，向社会征集存量黄金，进行人民币转化，即央行根据黄金银行上交国库的存量黄金的数量核发贷款额度，贷款额度随入库黄金数量变化而增减，一旦实现了黄金与人民币的这种联动关系，就等于发行的一定数量的人民币是建立在黄金的基础之上的，那么这不就是一只黄金稳定之锚吗？另外，这也是提高央行对黄金控制权的有效之道。

黄金借贷。黄金作为一种金融资产，在金融市场中的交易方式有两种，一种是交割，一种是借贷。基于黄金支撑力“流而不失”的要求，黄金借贷是黄金银行的主导性交易方式。我国虽已有超千吨的黄金借贷规模，但做的还是黄金增量交易而不是存量交易，所以黄金银行的黄金借贷要重新进行流程设计。现在黄金借贷中有洗钱和套汇行为的发生，原因是没有形成黄金借贷的封闭环，而以黄金实物为资本金的黄金银行很容易形成黄金借贷封闭运行环。贷出黄金是借出自己的资本金（黄金），回收黄金是回收资本金，一进一出形成封闭。所以，我国黄金借贷会有一个大的进步，其意义是可以促进我国黄金存量的增长，进一步筑牢人民币的黄金支撑力。

后记

从我从事黄金经济研究起，我便与我国黄金市场结缘。1991 年年底，我从中国物资报社调入当时的国家黄金局发展研究中心，被分配到经研室工作。当时虽然还是黄金管制的工作体制，但是经历了数年的观望徘徊，我国经济改革市场化目标已日渐清晰，黄金市场化改革必然是一个思考的方向。1992 年我作为研究组组长领衔完成的第一个课题报告，可能是我国第一篇有关我国黄金市场化的研究报告，从此我与我国黄金市场化改革结缘，成为黄金市场发展进程的全程观察者和参与者。在 2013 年，即第一篇研究报告完成 11 年后我出版了《破茧：解密中国黄金市场化历程》一书，记录了我国黄金市场从无到有的历程。在这本书出版以后的岁月里，我国黄金产业与市场进入了快速发展和转轨时期，出现了中国黄金历史上的一个“黄金时代”，黄金产业与市场的发展创造了世界瞩目的黄金之光，引起世人的关注和评论。可能是“不识庐山真面目，只缘身在此山中”，当我听到国际专业人士对“我国黄金市场已是国际黄金市场未来发展的引领者”的评价时，我却只有三分欢喜，而有七分忐忑，因为我对这一评价感到迷茫。因此我又开始探寻是什么原因使我国黄金市场能够实现从跟随到超越的转变——对于我来说，这可能多少都有补课的成分。

踏上求解之路时，我没有任何先入为主的束缚，完全是在一片茫然中起步，但是当将答案聚焦于“制度”时，我又十分忐忑，因为对于中国特色的发展之路，国际上充满了好奇，也有不少非议。在我写作本书时，恰逢中美贸易摩擦激烈之时，美国一些人对我国“制度”的不断抹黑，使我对我的结论感到了沉重，所以我还需要寻找另一个答案，即中国特色之路是一个另类，还是具有人类共同追求的普世价值？于是我的观察从我国黄金市场发展的一个相对狭小的领域切入，延伸到人类发展道路的思考，因为黄金产业与市场发展这个“小”问题也是人类经济发展这个“大”问题的一部分。而我在人类发展大视角中观察认识中国之路时发现：人类发展本身是一个不断试错的过程，这个过程是一个发现错误并进行不断纠正的过程，然而这个纠正错误的过程也是一个试错的过程，人类一直走在不断试错的道路上。当经历了 20 世纪 30 年代的大萧条之后，人类发现“无形之手”存在自身无法克服的缺陷，为此对“有形之手”寄予了希望，并对自由市场论进行了修正。“有形之手”必要性的理论奠基者是新古典经济学，于是人类又开始了“有形之手”广泛介入人类经济发展的实践。如从人类经济学的演变看，中国经济发展之路是新古典经济学的践行者，所以践行过程中的经验和教训都具有“普世价值”，从而增加了我对中国“制度”认知的定力，即对“制度”的自信，这是本书撰写过程中一次自我认识的提升。

现在我为读者呈现的这本书是我对中国之路的阶段认识的小结，中国黄金产业和市场还在发展，这个发展过程仍是一个不断试错的过程，或者说试错也是创新的一部分。中国黄金产业与市场发展经历了从无到有，从小到大，再到被赋予大任。引领前行是一种历史幸运，更是一种历史责任。对此，中国准备好了吗？我们可能还没有做到胸有成竹，但可以肯定的是有一个前景，我们要努力前行！

参考文献

中国黄金协会. 中国黄金年鉴（2000—2018）[M]. 北京：中国黄金协会.

中国黄金协会. 全球黄金年鉴（2016—2018）[M]. 北京：中国黄金协会.

中国黄金协会. CPM 黄金年鉴（2014—2018）[M]. 北京：中国黄金协会.

上海黄金交易所. 中国黄金市场报告（2008—2018）[M]. 上海黄金交易所.

中国人民银行. 中国金融统计（1952—1991）[M]. 北京：中国金融出版社.

黄金市场分析小组. 中国黄金市场发展报告[M]. 北京：中国金融出版社.

平安银行. 中国商业银行黄金业务发展报告（2017—2018）[M]. 北京：社会科学文献出版社.

王中求，王筱宇. 1750—1950 的中国 [M]. 北京：新世界出版社.